大学生思想政治教育研究

岳晓雨　著

学苑出版社

图书在版编目（CIP）数据

大学生思想政治教育研究 / 岳晓雨著 . — 北京：
学苑出版社，2023.6
　ISBN 978-7-5077-6720-9

　Ⅰ．①大… Ⅱ．①岳… Ⅲ．①大学生－思想政治教育
－研究－中国 Ⅳ．① G64

中国国家版本馆 CIP 数据核字（2023）第 132832 号

责任编辑：乔素娟
出版发行：学苑出版社
社　　址：北京市丰台区南方庄 2 号院 1 号楼
邮政编码：100079
网　　址：www.book001.com
电子邮箱：xueyuanpress@163.com
联系电话：010-67601101（销售部）、010-67603091（总编室）
印 刷 厂：北京银宝丰印刷设计有限公司
开本尺寸：710 mm × 1000 mm　1 / 16
印　　张：10
字　　数：200 千字
版　　次：2023 年 6 月第 1 版
印　　次：2023 年 6 月第 1 次印刷
定　　价：72.00 元

作者简介

　　岳晓雨，河南安阳人，西北工业大学马克思主义学院博士研究生，发表各类论文十余篇，专著两部，参编一部，主要研究方向为思想政治教育、农村法治教育。

前　言

　　大学生是国家的未来，大学生的政治意识状况，直接影响甚至决定着国家的存续和发展方向。当代大学生的主流政治意识如何，关系到能否巩固和发展社会主义制度，关系到能否始终高举中国特色社会主义伟大旗帜，关系到中国特色社会主义事业是否后继有人并能否持续发展下去。因此，准确把握大学生总体政治意识特点和主流政治意识特点，分析影响大学生政治意识形成的主要因素和大学生主流政治意识的形成机制，进而提出大学生主流政治意识优化途径，是大学生思想政治教育工作的一项核心任务。为适应我国从世界大国向世界强国的转变，我国高等教育正处在重要而深刻的历史转变之中，这种转变集中体现在三个方面，即由高等教育精英化向高等教育大众化转变，由注重规模扩张向注重质量提高转变，由世界人力资源大国向世界人力资源强国转变。高等教育的历史性转变，对提高大学生的综合素质和培养质量提出了新的更高要求，也对加强和改进大学生思想政治教育提出了新的更高要求。

　　本书理论与实践结合，对大学生思政教育进行了全方位的阐释及科学性探索。首先对高校思想政治教育理论相关内容进行论述，在此基础上对大学生思想政治教育的主要内容、原则和方法进行阐述，主要包括三观、生命观、心理健康、职业道德等内容，最后分别对将社会主义核心价值观、全方位育人、劳模精神三方面融入大学生思想政治教育展开深入研究。

　　本书为了更加具有理论实践意义，特添加一部分统计数据及人物事例，使全书更加生动饱满。希望本书的出版能够对高校大学生思想政治教育工作、社会主义核心价值观的培育和践行提供理论和实践指导，也希望广大思想政治教育工作者一同进一步加强相关教学领域理论与实践的互动，以取得更加丰硕的研究成果。本书在撰写过程中，参考和借鉴了国内外许多专家学者的研究成果，在此表示最诚挚的谢意！由于本人能力水平有限，书中难免有疏漏与不妥之处，望广大读者批评指正。

岳晓雨

2023 年 1 月

目　录

第一章　高校思想政治教育理论基础

高校思想政治工作的理论依据，直接影响高校思想政治工作的整体水平，是高校德育工作的一个重要内容。本章从分析大学生思想政治教育的发展、概述、必要性等方面入手，对大学生思想政治教育展开分析。

第一节　高校思想政治教育的当代发展

一、思想政治教育的本质论、主体论

思想政治教育是指一个特定的社会和团体，通过思想、道德或政治观念，对它的社会成员施加一定的影响，从而使他们形成符合社会需要的思想道德品质。大学生思想政治工作历来是高校精神文明建设的一个重要方面，也是解决当前社会矛盾、实际问题的重要手段。高校思想政治工作是一种动态发展的过程。教育上，我们既要传承和发扬中华优秀传统文化，又要汲取世界各国的教育思想、方法、管理经验，并汲取一切有益于人类文明发展的优秀的文化思想。

（一）本质论

思想政治教育是什么？这是一个重要的理论问题，对它的回答直接影响高校思想政治工作在实践中的作用和方向。

从根本上说，其实质是价值取向，包含两个层面。第一，推动人的发展是思想政治教育的根本与价值所在。思想政治教育以人为中心，以人为主体，以人为根本，是其存在的依据与价值维度，这就要求我们充分认识到个人生存方式的不同。这种个人的不同，客观上决定了高校思想政治工作的长期性、复杂性。同时，思想政治教育的实质是促进人的自由和全面发展，要把人的发展和人的全面发展结合起来。第二，作为社会科学的一种，不同国家、地区、时代的思想政治教育具有不同的特征，但它们都把思想政治教育看作一种社会管理的手段，认为是一

1

种相对于军事、法律等社会综合力量的软力量。教育者通过管理教育对象的思想、价值观达到自己的教育目的。由此也可以看出，思想政治教育是为特定阶级、政党和其他利益团体服务的，其目标是清晰的，反映了思想政治教育将统治阶层的社会意志转变为自身的价值，并在教育活动中获得了社会成员的认同。服务于统治阶级的思想政治教育的特性，使一切试图淡化其阶级性的做法都具有危险性。要正确认识高校思想政治教育的功能和价值，必须以马克思主义人本主义的范式为指导，重视人的生存和发展的价值。

（二）主体论

高校思想政治教育专业的引进与研究是高校思想政治教育的主要方式。总体上讲，思想政治教育就是组织和实施的思想政治教育活动，并在思想政治教育工作中进行积极的研究和创新；思想政治教育具有现实性、长期性、穷尽性、整体性等特征。从当代视角来看，高校思想政治教育的主题活动具有开放性、创新性，这些特征要求高校思想政治教育人员的综合素质全面提升。

思想政治教育会直接影响大学生的主观能动性，进而影响到大学生的综合素质。思想政治教育的主体性主要体现在思想政治教育专业上，并且在思想政治教育的实践中也得到了反映。因此，思想政治教育实践活动的影响力、作用与成效直接影响大学生的主观能动性。高校思想政治教育的主体功能可以分为教育功能、协调功能、管理功能和科研功能。具体而言，教育功能是指应用特定的教育法则和方法，使学生形成坚定的政治信念。协调功能是指教育主体通过各种方式，使社会、学校、家庭等不同的教育力量共同作用。各方力量要做到统筹、统一，这样才能实现教育效益最大化。管理功能是思想教育主体通过目标、计划、组织和制度等多种方式进行教育设计，并对教学活动进行管理。科研功能是对教育的相关经验、本质和规律进行总结、分析和调查。对大学生进行思想政治教育的主体性研究，是对大学生进行思想政治教育的重要基础，是对大学生进行思想政治教育的重要方面。因此，正确、全面、科学地认识和把握高校思想政治教育的主体性是高校德育的重要依据。

二、中国高等教育中的思想政治教育

中国高校的思想政治教育一直是我们党和国家十分关注的问题。中国大部分大学都将思想政治教育作为建设国家、建设校园、育人和教学的基础。可以说，大学思想政治工作的价值取向坚持"以人为本"。从根本上说，思想政治教育受到国家政治、经济、文化等方面的影响。对当代大学生的思想政治教育进行创新与研究，应从中华人民共和国成立后各个时期的发展历程入手，对其进行完善，从而促进高校思想政治教育工作的发展。

（一）中华人民共和国成立以来高校思想政治教育发展回顾

中华人民共和国成立以来，我国高校的思想政治教育发展大体经过了两个时期。这两个时期以党的十一届三中全会的召开为分界线。两个时期中又可以划分为若干阶段。

1.1949 年至党的十一届三中全会前高校思想政治教育的发展

1949 年中华人民共和国成立，经过"土改""三反""五反"等一系列政治运动，高校教育体制进行了一定的改革。大学生思想政治教育担负着转变观念、树立新观念的任务。这一时期明确了大学生思想政治教育工作的目标和价值取向，并提出了强化和完善大学思想政治工作的要求。

2. 党的十一届三中全会后高校思想政治教育的发展

党的十一届三中全会以来，随着国家工作重心的转变，我国的高校思想政治工作内容等也随之发生了改变。以解放思想、实事求是为原则，高校思想政治教育工作以服务四个现代化为总体目标，对新时代思想政治教育的任务、地位、作用、科学性进行了准确的界定。我们要培育和发展社会主义现代化建设所必需的专业技术人员。加强大学生思想政治教育的科学化和法制化，是加强大学生思想政治教育工作的重要内容。但是，"僵化论"、马克思主义"过时论"和"异化论"等一些错误的观点也对高校思想政治教育工作产生了一定的消极影响。为了实现高校思想政治教育的育人目标，我国政府作出了关于加强高校思想政治工作的决策，各高等学校也在认真贯彻落实党中央关于高校思想政治教育的基本方针和基本路线。

党的十一届三中全会以后，党和政府大力推进社会主义精神文明建设，把思想政治工作放在首位，对进一步加强和完善高校的思想政治工作提出了要求，对于大学生的思想政治教育工作起到了指导作用。同时，对高校思想政治工作的形势和任务进行了分析，对如何加强和完善思想政治工作从指导思想、基本要求、途径和措施等方面进行了论述。各市、各高校结合各自的实际情况，采取了切实可行的措施，并制订了具体的实施计划，如加强校园文化建设、深化人文素养教育、提升大学生文明素养、强化大学生思想政治工作队伍建设等。新时代以来，高校思想政治教育在观念、内容、方法等方面都有了较大的提高，强调思想道德教育、理想信念教育、爱国主义教育、民族精神教育等。要充分运用网络等新型媒介进行思想政治教育工作，增强思想政治教育工作的科学性。这有利于高校思想政治工作的创新性与实效性的提升。大学生思想政治教育工作是我国社会主义事业的重要组成部分，要尽全力做好大学生的思想政治教育。

3.新时代以来高校思想政治教育的发展

党的十八大以来，以习近平同志为核心的党中央高举马克思主义旗帜，致力于推进中华民族伟大复兴，高度重视并全面加强思想政治教育工作，形成了推进新时代思想政治工作的一系列新思想新举措。习近平总书记先后主持召开了全国高校思想政治工作会议和学校思想政治理论课教师座谈会并发表重要讲话，为新时代思想政治教育提供了根本遵循。中共中央和国务院也印发了《关于加强和改进新形势下高校思想政治工作的意见》《新时代公民道德建设实施纲要》《新时代爱国主义教育实施纲要》《关于新时代加强和改进思想政治工作的意见》等重要文件，强调把思想政治工作和思想政治教育落到实处。理论界学习贯彻习近平总书记重要讲话精神和党中央决策部署，自觉肩负起研究使命，奋力推进研究进展，取得了显著成绩。

（1）立德树人核心任务研究更加明确

党的十八大首次提出"立德树人是教育的根本任务"。理论界据此加强立德树人研究，把立德树人作为思想政治教育的核心任务，明确了"立德"与"树人"的基本内涵，并在此基础上开展了系统性、针对性的研究。

立德树人成为思想政治教育的核心任务。思想政治教育作为马克思主义理论学科中的二级学科，承担着为培养社会主义事业建设者和接班人而进行系统性和实践性教育研究的重要任务。近年来，理论界自觉把立德树人作为思想政治教育研究的核心任务，将立德树人融入教育教学各环节，形成了一系列较有代表性的主张，如高校应形成以立德树人为中心的多维育人格局，包括教书育人、科研育人、管理育人、服务育人、心理育人、文化育人、实践育人、网络育人、组织育人、自我育人，同时将这"十全育人体系"与全员全过程全方位"三全育人格局"融合起来，形成立德树人的合力；思想政治教育工作应从创新育人理念、建构课程协同、推进文化育人、强化师资建设、健全运行机制、深化思想政治教育供给侧改革等多个方面协同贯彻立德树人任务。

"立德"与"树人"的基本内容更加明确。理论界对立德树人基本内涵的研究成果集中在三个方面。一是明确"立德"和"树人"的基本内涵。"立德"，就是要明大德、守公德、严私德，做好社会主义核心价值观建设工作；"树人"

就是要培养德智体美劳全面发展的社会主义建设者和接班人。二是阐明"立德"与"树人"之间的逻辑关系，即"立德"是"树人"的前提和基础，"树人"是"立德"的目标和结果。三是确立立德树人所应遵循的根本原则。理论界认为《关于新时代加强和改进思想政治工作的意见》中提出的"思想政治工作要为人民服务，为中国共产党治国理政服务，为巩固和发展中国特色社会主义制度服务，为改革开放和社会主义现代化建设服务"的要求，具体规定了立德树人的目标，是思想政治教育立德树人的根本遵循。

研究成果呈现出系统性和延展性特征。党的十八大以来，理论界取得的关于立德树人的研究成果，展现出系统性和延展性的基本特征。"系统性"就是以立德树人为主题词就其本身进行系统性研究；"延展性"就是以立德树人为中心词就相关概念（理论）与之关联性进行延展性研究。其中，系统性研究成果集中体现在习近平总书记关于立德树人的重要论述、中国共产党坚持立德树人的历史与经验、立德树人的历史方位与战略逻辑、高校立德树人的主要方略、中小学落实立德树人任务的教育机制、思政课教师贯彻立德树人的对策等论域内；延展性研究成果集中体现在文化教育、军事理论课、大数据、社会心态培育、"四史"教育、艺术观教育、生命观教育等立德树人关联性研究中。

（2）思想政治教育基本理论研究更加深化

基础理论研究是推进思想政治教育学科体系和学术体系建设的根本所在，是党的十八大以来思想政治教育研究的着力点。近年来，理论界深耕思想政治教育学基本原理研究，强化了马克思主义思想政治教育基本理论研究，持续推进了马克思主义意识形态理论和实践研究。

深耕思想政治教育学基本理论研究。基本理论研究是思想政治教育学科的基础。党的十八大以来，理论界在思想政治教育学基本理论研究方面成果显著。一方面编纂思想政治教育专业的新教材，如《新编思想政治教育学原理》，着重研究了思想政治教育的科学内涵、本质特征、历史演进、多维价值、存在形态、实践展开等基本问题。另一方面创新研究视角，推动思想政治教育学原理的体系建构，如《新时代思想政治教育基本问题研究》坚持从理论视野和实践视角深化新时代思想政治教育基本问题研究，其中，理论视野包含思想政治教育本质论、目的论、矛盾论、规律论、内容论、思维论、空间论、范式论；实践视角包括思想政治教育制度建构论、社会动员论、舆情治理论、信任构筑论、日常生活论、话语创新论、工作协同论、综合评价论。

强化马克思主义道德伦理思想研究。道德教育是思想政治教育的重要内容。

马克思主义伦理学作为道德教育的理论基础之一，因而也是思想政治教育的重要理论资源。党的十八大以来，理论界自觉强化了马克思主义道德伦理思想研究，取得了大量研究成果。一是马克思主义伦理思想史研究，主要从结构分析视角推进了马克思主义伦理思想史的主体内容、运行规律和历史分期的研究工作。二是中国化马克思主义伦理思想研究，主要集中在马克思主义伦理思想中国化的历史进程、中华民族优秀的伦理文化传统、新时代中国马克思主义伦理精神等方面。三是马克思主义德育思想研究，主要集中在当代中国马克思主义德育思想、社会主义道德教育、中国共产党的政治伦理构建等方面。

推进马克思主义意识形态理论研究。思想政治教育学科研究承担着巩固马克思主义意识形态指导地位的重要使命，为此，理论界着力加强马克思主义意识形态建设研究。一是明确意识形态建设是高校思想政治工作的灵魂，重点研究了巩固高校社会主义意识形态重要阵地的核心内容、策略方法、体制机制等问题。二是加强社会意识形态与思想政治教育的内在联系研究，着重研究了马克思主义经典作家的意识形态理论、阶级意识的灌输理论、社会思潮批判与思想政治教育的内在联系。三是强调思政课的意识形态功能。理论界全面坚守思政课绝不能"去意识形态化"或搞"价值中立"的底线，积极发挥了思政课坚定正确政治方向和构建国家意识形态认同的重要作用。

（3）思想政治理论课建设研究系统性得到加强

围绕全面提升高校思想政治理论课教育教学质量这个总目标，理论界秉持习近平新时代中国特色社会主义思想的基本精神和基本要义，按照因事而化、因时而进、因势而新原则，全面加强了针对思想政治理论课建设的研究工作。

学科建设取得重大发展。马克思主义理论学科是思想政治理论课的学科基础。党的十八大以来，马克思主义理论学科点建设的显著成绩主要集中在三大方面。一是马克思主义理论学科点建设有序推进，学科重点研究基地与发展创新平台陆续增设。截至2021年12月，全国马克思主义理论一级学科博士点由2016年的39个增加到104个、同期一级硕士点由129个增加到279个，为思政课建设提供了重要人才支持。二是马克思主义学院建设全面加强。马克思主义学院是高校意识形态工作的坚强阵地，其教学和科研水平决定着思政课的质量，为此，中宣部与教育部启动了重点马克思主义学院建设，支持独立设置马克思主义学院。三是思想政治理论课师资队伍建设全面加强，在教师培训、后备人才培养、政策保障等方面更加系统化、科学化、规范化。

课程建设不断与时俱进。课程是思想政治教育学科的内在要素，是思想政治教育得以实施的根本抓手。党的十八大以来，思想政治教育课程建设研究集中在四个方面。一是明确课程建设的极端重要性，坚持把思想政治教育视为面向全体学生的覆盖面最大的课程、培养学生首要素质的关键课程、必须重点抓好的核心课程、需要特殊支持的重点课程。二是在学理上总结了课程建设的重大成就，如课程的指导思想、建设原则、课程结构、教材体系、教学内容、实践课程以及专业教育和公共教育互补共建的发展机制等方面的创新性发展。三是实现了高校思想政治理论教材内容的优化创新。理论界参与编订了 2018 版和 2021 版思想政治理论课教材，不但在教材内容上全面融入了习近平新时代中国特色社会主义思想，而且在语言风格上更生动活泼、贴近学生。

育人方式实现全面优化。党的十八大以来，思政课育人方式研究集中在三个方面。一是形成全员育人、全过程育人、全方位育人的教育教学体系。"全员育人"，就是凸显教书育人、管理育人和服务育人的统筹协调，明确学校各个机构应当担负的育人职责；"全过程育人"，就是把思政课教学融入学生培养的各个阶段，坚持入学阶段侧重理想信念教育、培养阶段侧重道德养成教育、就业阶段侧重职业道德教育的基本方略；"全方位育人"，就是充分发挥思政课的主渠道作用、专业课和学术活动的渗透作用、学生社团的自我教育作用。二是构筑相对完善的实践育人平台。思想政治教育工作者积极贯彻教育部颁发的《高等学校思想政治理论课建设标准》，实现了把实践教学纳入思政课教学计划的要求。三是实现教学方法革新，如问题引导式教学方法、影视作品教学法、伟人书画作品教学法等。

（4）社会主义核心价值观研究走向精细化

党的十八大报告首次提出要培育和践行以"三个倡导"为基本内容的社会主义核心价值观，理论界据此把社会主义核心价值观作为重点议题，经过多年努力推进，实现了社会主义核心价值观研究从宏观研究到精细研究的深化发展。

社会主义核心价值观的基本理论研究。党的十八大以来，社会主义核心价值观的基本理论研究成果显著。一是习近平总书记关于社会主义核心价值观的重要论述研究。这主要集中在它的理论方略、实践策略、文化自信和时代意义等方面。二是社会主义核心价值观的根本性质和功能指向研究。理论界普遍强调核心价值观前面的"社会主义"规定了其根本性质，着重考察了社会主义核心价值观作为中国道路和制度模式的价值表达形式而具有的批判与建构、规范与凝聚、维护与创新、引领与整合的功能。三是社会主义核心价值观的培育方略和实践路径的研究。理论界或从地域精神、以文化人、英雄事迹出发，或从行为者的认知、情感、意志、信念、行为出发，提出了社会主义核心价值观建设的基本方略。

社会主义核心价值观的交叉研究和比较研究。交叉研究和比较研究作为社会主义核心价值观研究的基本范式，集中表现在三大论域内。一是中华优秀传统价值观与社会主义核心价值观研究。理论界普遍强调中华优秀传统文化是社会主义核心价值观的文化土壤，蕴含着社会主义核心价值观的精神要素。二是以革命文化价值观促进社会主义核心价值观建设研究。理论界集中探讨了红色基因、革命精神、共产主义理想信念等对社会主义核心价值观建设的积极意义。三是社会主义核心价值观与"普世价值"根本区别研究。理论界普遍认为"普世价值"存在许多实践上和理论上的缺陷，社会主义核心价值观在突出中国"特色"的同时蕴含着人类社会"一般"的价值理想，是与"普世价值"相区别的先进价值观。

社会主义核心价值观具体内容的专题性研究。理论界对社会主义核心价值观具体内容的研究，主要就是针对其中某个概念或某几个概念开展专题性研究。例如，法治价值观的研究，理论界多认为法治并非"普世价值"，社会主义法治必须坚持从中国实际出发，而不能照搬西方模式，要倡导社会主义的法治观，为全面推进依法治国提供价值引导；诚信价值观的研究，理论界多认为诚信是价值观伦理秩序的基石，社会主义核心价值观建设一方面要靠建设诚信文化，促使人们养成讲信守信的思想觉悟，另一方面要靠完善信任制度来提供保障，规范人们互信共信的行为习惯。显然，这种专题性研究极大地提升了社会主义核心价值观研究的精细化水平。

（5）推进新时代思想政治教育研究的新发展

任何理论研究都必然存在时代性和学理性特征。从时代性视角看，思想政治教育研究肩负着政治教化和道德教育的崇高使命，其理论增长点必然随着社会主义现代化建设的发展而体现出时代性特征；从学理性视角看，思想政治教育内蕴科学化与学科化同向偕行的发展向度，其理论增长点也必然根植于已有的研究成果，遵循学科理论的自我构建逻辑。由此可见，新时代思想政治教育研究新发展将体现出"返本开新"的特征。

持续深化思想政治教育学科基础理论研究。基础理论是学科知识体系建构的基础，是所有类别研究领域深化发展的前提。理论界将继续结合新的时代特点和学科发展规律开掘基础理论研究，也必将在以下三个方面取得新突破。一是思想政治教育的马克思主义文本学研究，主要是采取从现有学科理论出发寻找文本依据和从文本出发规范学科理论研究相结合的方式，在思想政治教育的学科语境下激活马克思主义经典文献和经典作家的相关论断，提升思想政治教育的马克思主义理论含量。二是中国共产党思想政治教育文献学研究，主要是采用史料学的研究方法，以党和国家领导人关于思想政治教育的论著为基础，构建中国共产党思想政治教育史的文献脉络。三是思想政治教育专业学科体系研究，重点从思想政治教育学科的分支学科与思想政治教育学科的相互关系、思想政治教育学科的分支学科与思想政治教育学科的学科分化规律等方面展开研究。

扎实根植社会主义现代化强国建设新实践。实践是理论创新之源，思想政治教育研究要根植社会主义现代化强国建设新实践，并从学科理论研究的框架内有效回应相关的重大实践问题。为此，思想政治教育研究将更加侧重如下议题。一是爱国主义议题。爱国主义是思想政治教育的核心内容，社会主义现代化强国建设需要把思想政治教育作为构建国家政治合法性和整体形象的有效方式，并依托思想政治教育培育国家认同、传播国家良好形象。二是文化软实力建设议题。文化软实力作为社会主义现代化强国建设的重要内容，在价值取向日益多元、社会思潮相互激荡的时代，更加迫切需要思想政治教育发挥思想保障和人才支撑的作用。三是人的自由全面发展议题。思想政治教育作为专门研究"人的思想"的学科，承担着在精神层面促进人的自由全面发展的学科使命，而这必然要求思想政治教育研究有效破解教育对象存在的思想问题，更加注重培养人的认知能力、独立人格和自我发展能力。

自觉构建与数智时代相适应的学科新形态。总体上看，思想政治教育研究新发展将呈现出宏观问题与微观问题、基础理论与实践应用、隐性教育与显性教育、课程思政与思政课程、政治性与学术性等相互结合与相互促进的研究特点。此外，自觉构建与数智时代相适应的学科新形态，将成为思想政治研究新发展的最显著的特点。所谓"数智时代的思想政治教育"，主要是指网络信息数字技术、人工智能的发展催发思想政治教育各要素在数字化维度上发生变革，从而构建出相应的学科新形态。换言之，数智技术将全面影响人类的思想活动和思维方式，甚至在深层维度上影响人的价值观念，为此，实现思想政治教育数智化转型也必将成为思想政治教育研究的新特征。诸如，运用数智技术揭示社会思潮和行为者价值观念的变化、监测社会舆论和国民心态的发展态势、实施更有针对性的教育方案，都将是构建与数智时代相适应的学科新形态所应解决的重点问题。

党的二十大报告明确指出：从现在起，中国共产党的中心任务就是团结带领全国各族人民全面建成社会主义现代化强国、实现第二个百年奋斗目标，以中国式现代化全面推进中华民族伟大复兴。在中国式现代化进程中，思想政治教育在思想定向、凝心聚力、铸魂育人等方面发挥着积极作用，有利于夯实中国式现代化的精神基础，具有重要的时代价值。

思想政治教育为中国式现代化思想定向。中国式现代化，是中国共产党领导的社会主义现代化，是中国特色社会主义现代化。每个国家推进现代化都有自己的特殊发展模式，都要基于自身的国情。要想实现中华民族伟大复兴的梦想，必须建设中国式现代化，坚持走中国特色社会主义道路，而不能走老路、歪路和邪路，也不能照抄照搬别国的发展模式。思想政治教育可以运用启发、动员、教育、监督等方式，通过古今中外的纵横比较，把中国式现代化的根基、来源、特色等问题讲清楚，把中国式现代化和其他国家的现代化的区别讲明白，让人民理解中国式现代化具有人口规模巨大、全体人民共同富裕、物质文明和精神文明相协调、人与自然和谐共生、走和平发展道路的特征。思想政治教育要引导人民理解中国式现代化是"并联式"的过程，工业化、信息化、城镇化等是共同发展的，不同于"串联式"的西方现代化。"鞋子合不合脚，只有穿的人才知道。"我们绝不能照抄照搬别国的现代化发展模式，否则只能是削足适履。只有大力加强思想政治教育，向人民宣传新时代中国共产党的奋斗目标，加深人民对党的路线、方针、政策的认识，增强人民对中国式现代化的理解和认同，才能使人民群众更加拥护中国共产党的领导，用实际行动推进和拓展中国式现代化，向着第二个百年奋斗目标阔步前进。

思想政治教育为中国式现代化凝心聚力。历史唯物主义认为，人民群众是历史的创造者，是推进历史前进的动力。建设中国式现代化，实现中华民族伟大复兴的中国梦，必须紧紧依靠广大人民群众。思想政治教育对于开展群众工作具有积极作用，有助于把广大人民群众凝聚成一股力量，提高广大人民群众的政治觉悟、思想觉悟，尊重和发挥人民群众的创造精神、主动精神。思想政治教育通过加强人民群众的共同理想教育，把全面建成社会主义现代化强国、实现第二个百年奋斗目标融入人民群众，促使全国人民紧密团结为共同理想而奋斗。深入开展习近平新时代中国特色社会主义思想学习教育，用这一马克思主义中国化的最新理论成果武装全党和全国人民，增强广大人民群众推进中华民族伟大复兴的历史责任感、紧迫感，必然能够团结人民、凝聚人心。思想政治教育通过爱国主义教育，增强全体人民的民族自尊心、自信心、自豪感，使其把爱国热情落实到本职工作中。

思想政治教育为中国式现代化铸魂育人。党的二十大报告明确指出，教育、科技、人才是全面建设社会主义现代化国家的基础性、战略性支撑。中国式现代化的建设进程，很大程度依赖于教育的发展、科技的创新、人才资源的开发。思想政治教育关系着培养什么样的人、如何培养人以及为谁培养人的根本问题，肩负着为党育人、为国育才的任务，对于培养德智体美劳全面发展的社会主义建设者和接班人发挥着重要的作用。青年是祖国的未来和民族的希望，思想政治教育通过引导青年确立为共产主义远大理想和中国特色社会主义共同理想而奋斗的信念，为其的思想和行为提供精神支柱；通过宣传社会主义核心价值观，开展爱国主义、集体主义、社会主义教育，使青年形成崇高丰富的精神世界、高尚优秀的道德品质；通过弘扬以伟大建党精神为源头的中国共产党人精神谱系，使青年坚定中国特色社会主义"四个自信"；通过引导青年培养创新意识和创新能力，让青年成为中国式现代化进程中革新创造的重要力量。

（二）对高校思想政治教育发展历史的深思

中华人民共和国成立后，大学生思想政治教育工作经历了由"单一化"的发展过程到"多元化"。要总结成功的经验并汲取历史教训，这有助于推动当代大学生的思想政治教育工作。其历史启示如下。

1. 坚持正确全面的思想政治教育观

思想政治教育的普遍性发展是人的全面发展，而人的全面发展又是整个社会发展的核心内容。必须坚持以学生的全面发展为教育的目的，以提高学生的综合素质为中心。以往我们只注重学生的思想政治教育，却忽略了教育工作者的思想政治教育工作。要切实提高思想政治教育工作者的综合素质，就需要对其在思想政治、道德、思想、法律等方面进行培训，对于学生要从知识、技能、心理素质、创新素质等方面入手。只有这样，才能获得好的成果，提高思想政治教育工作者和学生的基本素质，提高思想政治教育工作者和学生的思想品德修养。

2. 坚持思想政治教育的正确导向

大学生要具备良好的素质，要有良好的社会服务意识，这不仅决定着高校的思想政治工作是否能够朝着正确的方向发展，也关系到党和国家的整体发展。做好大学生的思想政治工作，就是要对大学生进行正确的引导和教育，使他们充分了解和执行党和国家的基本路线、方针和政策，正确认识和处理好社会和个人的关系。我们要坚持正确的政治方向，在新时代高举中国特色社会主义的伟大旗帜，在中国特色社会主义道路上坚定不移地走下去。大学思想政治工作应有正确的方向，坚持政治方向与价值取向相结合，要正确地把握政治方向与价值取向，就必须正确地指导和教育当代大学生，为实现社会主义现代化做出贡献。

3.坚持"以人为本"的思想政治教育理念

高校思想政治教育要充分肯定和尊重人性、弘扬人的主体性、提高人的主体地位、促进人的个性发展、激发人的创造力、促进人的全面发展，注重对学生的人文关怀，对学生的管理更加人性化。坚持继承优良传统，不断改革创新，深入细致地开展高校思想政治教育活动，尊重学生、强调学生的主体地位、关注学生的精神需求、切实为学生提供思想支持，为当代大学生构建人生理想提供支撑，以实现高校思想政治教育工作的更好发展。

4.坚持以社会主义核心价值体系为核心的思想政治教育

社会主义核心价值体系是新时代思想政治教育理论创新与发展的重要基础。高校思想政治教育与社会主义核心价值观之间存在着内在统一、相互促进的关系。践行社会主义核心价值观是高校思想政治教育的重要内容。社会主义核心价值体系是对高校思想政治教育的指导和根本遵循。

高校思想政治教育的教学性质、目标任务要与社会主义核心价值观相结合。高校在宣扬社会主义核心价值体系方面发挥着巨大作用，是建设社会主义核心价值体系的重要力量。一方面，在全社会营造社会主义核心价值观氛围，客观上提高了高校思想政治教育的实效性，促进了高校思想政治教育的顺利开展；另一方面，高校思想政治教育必须巩固和发展社会主义核心价值体系。当前，高校在思想政治教育工作中，把大学生社会主义核心价值体系建设作为重点进行探索与研究，充分发挥了高校的引领作用和指导作用。

三、高校思想政治教育的当下发展趋势

（一）当下高校思想政治教育的本质特征

纵观中国近现代教育发展史，可以说，在革命战争时期，思想政治工作就是为了民族独立而进行的，这一点是毋庸置疑的。在全党和全国人民的伟大斗争中，掌握思想政治形态是中心环节，建立和巩固中国特色社会主义制度是中华人民共和国成立以来思想政治工作的生命线。当前，党和国家在思想政治教育、优良传统和政治优势的支持下，为新时代社会主义现代化建设提供了有力的智力保障，为实现中华民族伟大复兴提供了有力的思想保障。高校德育是培养德智体美劳全面发展的人才的关键。当前我国高等教育正处于由精英教育向大众教育过渡的阶段。面对新时代新的挑战，传统的思维方式、工作方式、政策都需要改革，迫使高校在理论和实践上采取与时俱进的理性决策。高校思想政治教育应具有与时俱进的本质特征。

（二）当下高校思想政治教育的重要作用

从中国近代教育史来看，革命战争时期思想政治工作是为民族独立、民族解放而进行的。当前，我国的思想政治教育为实现中华民族伟大复兴提供了有力的思想保障。思想政治教育是学校教育的基础。高校德育工作是高校改革、稳定发展的重要方向、动力和保障，是培养德智体美劳全面发展的创新型人才的关键。当前，我国高等教育正经历着由精英教育向大众教育转变、由规模扩张向质量提升转变，这种由精英教育向大众教育转变、规模扩大、质量提高的趋势，给高校思想政治教育提出了新思路，也出现了新问题。面对这些新的问题，必须对传统的思维方式、工作方式、政策进行改革，高校要以与时俱进的创新思维理性决策。高校思想政治教育的精神实质是与时俱进、发展创新。

（三）当下思想政治教育的与时俱进、开拓创新

当前，高校思想政治教育正处于不断的改革与强化之中。当然，我们取得了巨大的成功，但是也存在一些问题。高校思想政治教育是一项科学事业、一门专业知识、一门专业艺术、一项系统工程。高校思想政治教育改革是一个老生常谈的话题。新时代、新阶段的高校思想政治教育要与时俱进、开拓创新，应包括以下内容。

第一，思想现代化。当前，高校思想政治教育不断创新，首先体现在思想观念的不断更新上，即要注意新的思想政治工作规划与评价新理念的形成，注意培养当代高素质创新型人才。思想政治教育作为战略任务放在首要位置，确保思想政治教育不越位、不转移；从思想政治教育自身的特点和规律出发，强调相关性与有效性，注重学生综合素质的提高，尤其是思想政治素质的提高；以建设、发展、创新为重点，努力贯彻思想政治教育方针中的规范性工作理念；学校、家庭、社会"三位一体"是全体员工共同的工作理念，也是全体员工共同努力的方向。

第二，途径多样化。根据高校实际情况，采取多种措施进行大学生思想政治教育工作。如学校各级党组织开展党团活动。无论采取什么方法和措施，最终都要让学生认同、接受。思想政治教育内容应渗透到学生的思想中去。

第三，内容整体化。高校思想政治教育内容应朝着科学性、思想性、丰富性、规范性和创新性方向发展。既要满足教育内容的准确定位的客观要求，又要体现时代精神，体现民族文化，形成科学体系。这就要求思想政治教育内容相对稳定、核心内容相对清晰。同时要把相关内容有机地结合起来，使整个内容成为一个系

统。因此，高校思想政治教育工作者要基于这些考虑，承担责任，建立统一的方向、目标、规范和要求并落实。

第四，人员专业化。未来，高校思想政治教育的实践者应是政治坚定、专业素养高的技能型和科学型人才。高校思想政治教育注重学生多姿多彩的精神世界，负责回答"昨天""今天""明天"等问题。当前社会生活不断发展、变化，这就要求思想政治教育工作者不断提高自身素质。在大学里，上自书记、校长、系主任，下至普通教师（尤其是思想政治理论课的讲师），都要具备一定的思想政治素质和工作能力。每一位思想政治教育工作者在工作中都应具有突出的工作特点并努力做出突出贡献，提升各方面能力。

第五，考核综合化。高校思想政治教育工作是一个系统工程，也是一个重要的课题。要不断完善思想政治教育的评价体系，完善思想政治教育的管理，完善思想政治教育的评价手段和方法。当前高校思想政治教育管理已由传统的随机、被动式管理向规范创新型管理转变。在评价的完整性方面，学生的学习成绩、日常表现都可以纳入思想政治教育工作的总体评价体系中。

（四）新时代思想政治教育的"三个"必须

第一，必须用马克思列宁主义、毛泽东思想、邓小平理论、"三个代表"重要思想、科学发展观、习近平新时代中国特色社会主义思想来指导新时代的高校思想政治教育工作；这些先进理论体现了时代主题，体现了时代精神，体现了信息时代的特点，能保证高校思想政治教育不偏离方向，保持其魅力和作用。

第二，必须面向世界、站在国际化的高度正确认识复杂多变的国际形势，在综合国力不断提高的前提下，把传统文化融入高校思想政治教育中去。同时，应借鉴人类文明教育的优秀成果，合理地接受其他国家的先进理念，使高校思想政治教育能够持续发展。

第三，为培养高素质的创新人才，必须不断地进行思想政治教育改革。高校思想政治教育是高校改革、发展的思想动力。而高校的稳定发展为高校思想政治教育创造了有利条件。面对不断变化的社会条件，高校应向学生进行基本理论、基本路线、基本纲领，以及爱国主义、集体主义和社会主义核心观教育。不断对教学理念、科学思想、教学内容、教学方法进行改革创新，以解决学生思想和实践中的问题，促进学生全面成长和发展。

高等教育在新时代、新阶段迅速发展，为提高教学质量、培养高素质的创新人才，思想政治教育必须不断变化。

四、思想政治教育未来发展的保障

在信息化时代，高校思想政治教育要把握"三个统一"、明确"四大特性"。只有这样高校思想政治教育才能真正体现时代性、创造性和实效性，实现教育的和谐，实现教学、管理、服务的统一；才能更好地认识思想政治教育主阵地与主渠道的作用与重要性，确保思想政治教育工作顺利进行。只有这样，才能使学生在德、智、体、美、劳等方面得到全面的发展。

（一）把握"三个统一"

第一，主题与多样性统一。思想政治教育始终是学生教育的主题。要根据实际情况选择多种形式来开展思想政治教育。在当今，信息媒体高度发达，我们要善于运用新媒介、新手段来开辟新的道路。在采用新的教育形式的时候，要选择学生喜欢的教学方式，以学生喜闻乐见的方式将思想政治教育落到实处。第二，远大目标和贴近学生实际的统一。高校思想政治教育要有远大的战略目标，大学生思想政治教育的目标之一就是提高大学生的思想政治素质，增强理想信念。大学生思想政治道德素质的提升需要一个软着陆的过程。思想政治教育要贴近学生实际，贴近教学、科研、生活实际；我们应该深入学生的内心，与学生密切交流。第三，效益与成本相统一。在市场经济高度发达的今天，大学教师怀着热爱、奉献的精神从事思想政治教育工作，肩负着自己的责任与使命。市场经济强调利益最大化，思想政治教育也是如此。换言之，高校思想政治教育如果得不到良好的效益，是不可能实现稳定发展的，但高校思想政治教育的效益并非单一的经济指标，其效益主要体现在学生道德素质、知识素质等方面。在进行大学生思想政治教育过程中要做到效益与成本的统一，以较低的成本实现思想政治教育效益的最大化。

（二）明确"四大特性"

第一，党性。思想政治教育必须坚持党性，坚持马克思列宁主义思想的领导地位，坚持以毛泽东思想、邓小平理论、"三个代表"重要思想、科学发展观和习近平新时代中国特色社会主义思想为指导，坚持正确的政治方向和政治立场，坚持党性原则，培养优秀的社会主义建设人才。第二，人文性。高校思想政治教育要坚持"以人为本"，弘扬和培育人的主体性，激发大学生的积极性和主动性，使其加强自我教育，促进其全面自由地发展。第三，民族性。培养大学生的民族性是高校思想政治教育的重要使命。在培养大学生的民族性时要以社会主义核心价值体系为统领。第四，个性。高校思想政治教育既要强调群体共性，又要看到个体差异，要看到成千上万的大学生在受教育过程中的个性特征。因此，在尊重集体主义精神的基础上，我们必须尊重学生的个人发展，考虑到学生的满意度，尊重学生的尊严，发掘学生的长处。

第二节　高校思想政治教育概述

高校思想政治教育在高等教育中占有重要地位。我国的高校思想政治教育经历了一段漫长的发展历程。目前，高校学生思想政治教育进入了新阶段，要适应社会发展的需要，更新以往的经验，拓宽视野，开拓新的领域。

一、高校大学生思想政治教育的基本内涵和特征

（一）思想政治教育的基本内涵

思想政治教育是指社会或社会群体用一定的思想观念、政治观点、道德规范，对其成员施加有目的、有计划、有组织的影响，使他们形成符合一定社会要求的思想政治品德的社会实践活动。思想政治教育受社会经济、政治、文化的制约和影响，为一定社会的经济、政治、文化服务，体现了一定社会统治阶级的利益。

（二）思想政治教育的特征

大学生思想政治教育是根据一定的社会需求对大学生进行有计划、有目的的政治教育，使其成为对社会、国家建设有用的合格人才。

大学生思想政治教育的特点如下。

第一，时代性。大学生思想政治教育要顺应时代发展，具有强烈的时代感。这是高校思想政治教育的重要内容。马克思列宁主义、毛泽东思想、邓小平理论、"三个代表"重要思想、科学发展观、习近平新时代中国特色社会主义思想是中国思想政治教育的重要内容。在大学生思想政治教育中融入上述理论对大学生进行理想信念教育、爱国主义教育、人生观和道德观形成等具有重要意义。只有把思想政治教育融入实践中，学生才会真正地接受。思想政治教育工作者要把理论与实践结合起来，从实践中发现问题，使思想政治教育具有说服力。

第二，民族性。思想政治教育的民族性是指思想政治教育过程中所体现的民族特性，它是思想政治教育的出发点，也是思想政治教育的归宿。思想政治教育与民族性相互联系，彼此融合，体现着民族品格，蕴含着民族精神，在民族伟大

的实践中生成。加强思想政治教育中民族性教育对于增强文化自信具有重要的理论价值和现实意义。

第三，人文性。社会主义的本质在于实现人类的全面发展。"以人为本"思想对我国高校的思想政治教育工作具有积极意义，表明了党对人类社会发展规律的认识更加明确，同时也表明思想政治教育要以学生为本。

二、高校大学生思想政治教育的任务

高校大学生思想政治教育的目标是培养合格的社会主义接班人。教师要围绕这个核心目标，以共产主义思想体系教育学生，把他们培养成对社会主义建设有用的人才。

（一）保证学校的社会主义办学方向和培养目标的实现

教育在社会主义建设中起着举足轻重的作用。党制定了社会主义教育方针，高校要贯彻党的教育方针，确保实现学校教育目标。在学校各项教育活动中，要加强思想政治教育，培养学生良好的思想政治品德。

（二）共产主义理想教育——提高大学生的思想政治觉悟

我国高等教育的本质在于培养具有社会主义思想意识、服务于社会主义事业的人才。马克思主义基础理论教育是社会主义教育体系的重要组成部分。要提高社会主义思想觉悟，要有社会主义财产观、集体主义思想、奉献精神，要以马克思列宁主义、毛泽东思想、邓小平理论、"三个代表"重要思想、科学发展观、习近平新时代中国特色社会主义思想为指导，用马克思主义的观点解决问题。大学生的思想政治教育是一项塑造灵魂的工程。

社会主义学生教育思想体系促进社会主义事业和学生的健康发展。我们党培养了一代又一代共产党人。以科学与进步思想教育人民，使其认识历史发展规律，具有历史使命感，避免被不良思想侵蚀。

（三）思想教育——促进大学生健康成长

大学生容易接受新事物，但是他们的判断力和思想还不够成熟。他们往往只能看到事情的一面，却看不透彻。他们对现状并不满意，想要改变，但是一旦遇到实际困难，就容易灰心丧气。应从理论和实践相结合的角度回答一些常见的思维和认知问题。学生在学习和生活中存在着很多问题。我们应该对每个学生进行教育。第一，要解决学生在不同时期的思想倾向问题。第二，要解决个人的思想问题，要有针对性地解决学生的问题。第三，要加强对后进生的教育，使其逐步提高。第四，要协调师生关系。首先要形成团结向上的校园氛围，使学生在潜移默化中受到熏陶，与师生建立良好的关系。其次要对学生加强思想政治教育，使学生具备较高的思政素养，这有助于师生关系的和谐发展。最后要培养学生形成积极乐观、充满热情和创造性的生活态度，以良好的心态与师生交往，使师生关系更协调。

三、高校大学生思想政治教育的作用

（一）激励作用

大学生思想政治教育的目标就是使学生不断提高自己。通过思想政治教育使学生不断地坚定理想信念，从物质和精神层面进行提升，更加积极主动地面对生活和学习，从而取得更大的成绩。对大学生进行思想政治教育，可以使其形成健康的人格。在大学生思想政治教育中，可通过榜样的示范带动引导学生形成积极、健康的观念。

（二）完善作用

大学生思想政治教育的目的在于提高学生的素养。在错综复杂的环境下，大学生往往较难对自己的行为进行正确的分析和判断，而通过思想政治教育可以使学生学会反省并改善自己的行为，使自我人格更加成熟。一方面，要不断反思、总结自己的思想、行为；另一方面，要不断提高自己的判断力，正确分析自身的行为，从而不断完善和提升。

（三）行为引导作用

大学生思想政治教育对大学生行为有一定的引导作用。思想政治教育的目标是培养学生形成良好的素养。外在环境总是影响人的行为。人类的行为本质上就是对外界刺激做出反应，有的积极，有的消极。加强大学生的思想政治教育，有助于引导学生做出积极行为，使其朝着积极的方向发展。

第三节　高校思想政治教育的必要性

大学生思想政治教育的形成需要一定的社会环境。随着经济全球化进程的加快，中国与世界的联系日益紧密。各方思想对大学生产生了冲击与影响，做好思想政治工作有助于大学生更好地应对经济全球化带来的机遇与挑战。

一、社会形势变化的主要表现

（一）文化多样化

21世纪以后，文化交流的范围不断扩大。文化多样性是全世界人民共同的愿望。文化是一切变化之源，也是保护生物多样性的重要因素。

文化多样性反映了人们思想的多样性，是文化繁荣的象征。文化多元化发展有赖于科技进步与生产力的发展。随着社会经济结构的变化，世界文化呈现出一种"多元文化共存"的局面。

第一，主文化、亚文化共存。

主流文化是在社会中占据主导地位的文化。亚文化是居于次要地位的文化，往往是特殊群体特有的文化，是社会转型期价值分化的产物，可以补充主流文化。

第二，传统文化与马克思主义文化的融合。

当代中国文化应体现先进生产力的发展方向，以广大人民群众根本利益为出发点，弘扬中华民族传统文化。中华优秀传统文化与马克思主义融合是马克思主义中国化进程中的重要内容，是中国社会发展的需要。当前，在推进马克思主义中国化、促进社会主义现代化建设、积极构建社会主义和谐社会过程中，更应努力寻求二者的融合。运用马克思主义来进一步促进中华优秀传统文化的弘扬与发展，有助于推动文化的发展和繁荣。对大学生进行思想政治教育有助于大学生更好地理解中华优秀传统文化与马克思主义的关系，更好地促进自身素养的提升。

（二）经济全球化

经济全球化对人们的经济行为、思想言行、价值观念等产生了巨大的影响。一些西方的价值观念等也涌入我国，对我国社会、人们的生活方式以及思想观念带来影响。大学生是祖国的未来和希望，是社会主义事业的建设者和接班人，肩负社会主义现代化建设的历史重任。大学生的思想政治素质关系到社会主义建设，因此对大学生进行思想政治教育具有极其重要的意义。

（三）体制市场化

社会主义市场经济体制的建立，有利于生产力的发展，有利于经济体制的转变。市场经济以市场为导向，对市场供求关系进行调整，实现资源分配。1978年以来，我国实施改革开放的国策。经历了多年的发展，我国经济水平快速提升，在国际上的地位也在不断提高。

市场经济体制给社会带来的主要变化如下。

第一，社会结构多样化。市场经济产生了多元化的经济成分。不同的经济成分和不同的经济利益导致了社会阶层的分化。不同社会阶层在生活方式、思维方式等方面都有较大差异。

第二，从根本上改革了经济管理体制和方法。在市场经济条件下，经济活动由市场调节，由政府进行宏观调控，改变了计划经济体制下的管理方法，带来了经济的繁荣与发展。

第三，市场经济在中国取得了巨大的成功。市场是经济发展、资源配置的关键。随着企业市场化程度的提高，私有经济成为经济发展的重要力量。

（四）社会信息化

现代科学技术取得了长足的进步，以计算机和网络的迅速发展为主要内容。互联网管理论坛公布的数据显示，我国网民数量不断增多。大学生处于信息化社会，成为先进技术和设备的接受者，其思维方式、行为方式等也发生了变化。

二、社会形势变化给大学生思想政治教育带来的机遇

（一）更加显示了大学生思想政治教育在社会主义建设中的重要地位

人才在经济发展中起着举足轻重的作用，加强其科学文化素养，培养其思想素质十分重要。在知识经济时代，在社会信息化、综合国力竞争日益激烈的今天，我们必须坚持以人为本，做好大学生的思想政治教育工作，培养新时代的高素质人才。

（二）拓展了大学生思想政治教育视野

在经济全球化、社会信息化背景下，大学生思想政治教育理论与实践都要从国际视野出发，西方的各种思潮涌入中国，试图对我国进行渗透，以保持其国际地位。因此，在此背景下加强大学生的爱国主义教育是新时代的必然要求。大学生思想政治教育要向世界延伸，拓宽国际视野，吸收优秀的人类文明成果和先进经验，用新的思维方式推进思想政治教育改革和发展。

（三）为大学生思想政治教育提供了新的载体

网络是大学生思想政治教育的新载体。网络比报纸、广播和电视具有更大的优势，主要体现在以下五个方面。

一是沟通方式上互动性增强。在网络上，信息发布者和信息接收者可便捷地进行沟通，从而实现信息的有效反馈。

二是传播信息的效率提高。在信息时代，信息的传播与更新是非常迅速的，这就有效提高了信息的传播效率。

三是全球交流。全球超过 200 个国家使用因特网。只要有网络，信息就能传播到全世界；利用网络可以把家庭教育和学校教育结合起来，家庭和学校共同做好大学生思想政治教育工作。

四是采用多媒体方式进行沟通。多媒体沟通方式多种多样，如文字、图书、视频、音频等。利用多媒体技术使通信效果得到了优化，更好地促进了人们之间的沟通。

五是开辟了大学生思想政治教育的新阵地。学生能通过网络了解世界上发生的大事和小事并从中吸收有益成分，促进自身素养提升。因而网络成为一个新的思想政治教育阵地。

（四）为大学生思想政治教育资源和内容的开发拓展提供了有利条件

第一，信息技术的发展使师生面对开放的资讯世界，更方便地调动各种教育资源；教师可以通过网络和学生进行互动，对学生进行思想上的正面引导。教师对学生个人情况越了解，对大学生进行的思想政治教育就越有针对性。

第二，新的社会形势为大学生思想政治教育内容的拓展创造了条件，使得大学生思想政治教育具有开放性和国际化的特点。大学生思想政治教育应注重利用有利条件促进教育实效性的提升。大学生信息能力培养是社会信息化背景下思想政治教育的一个重要内容。

三、社会形势变化给大学生思想政治教育带来的挑战

（一）文化多样化的挑战

第一，价值观挑战。

改革开放以来，人们的思想观念呈现出多元化发展的趋势。市场经济发展过程中，利益群体不同、价值观不同，使学生较难明确自身的价值取向。在大众传媒中，各种价值观混杂，学生缺乏判断力，容易偏离正面、积极的价值观。这对于大学生树立正确的价值观带来了挑战。

第二，对我国主流文化主导地位的挑战。

在经济全球化的大背景下，社会主义核心价值体系是整个文化的主导力量。中国在文化交流方面处于相对劣势，这不利于巩固我国主流文化的地位，所以我们应该不断弘扬我国主流文化，建立起一道坚固的社会主义文化防线，防止主流文化被边缘化。

（二）经济全球化的挑战

经济全球化给大学生思想政治教育带来了很大的挑战。

美国是西方工业化国家的领头羊。随着经济全球化进程的不断推进，西方国家在经济全球化进程中不断传播和推行自身意识形态和经济规则。这对大学生的思想观念带来了冲击。在经济全球化背景下，我们必须加强对西方思维的区分以便更好地对大学生进行思想政治教育。

（三）体制市场化的挑战

改革开放以来，大学生思想政治教育面临的挑战如下。

第一，社会主义市场经济条件下的国内政策与经济发生了变化。市场经济环境下社会各种思想相互交织，既有积极的一面，也有消极的一面。此时，我国意识形态领域也受到影响。此时帮助大学生树立正确价值观是思想政治教育工作的核心内容。

第二，市场经济在发展过程中存在着消极的一面：市场经济以利润为导向，使学生产生投机心理和功利主义心理；少数学生会恶意竞争，应该注意这些问题，并对大学生给予适当的指导。

第三，市场经济要求高校思想政治教育转变形式。要把教育资源整合起来，建立适应市场经济运行需要的机制与形式，更好地促进大学生思想政治教育的发展。

（四）社会信息化的挑战

西方国家在信息技术与通信领域处于领先地位，他们试图通过互联网把西方思想引入落后国家。因此，我们要警惕西方价值观通过互联网传播，从而影响到我们的文化和观念。

第一，影响思想政治教育者的话语权与领导力。信息化进程使人们获取信息的手段更加先进。学生通过因特网可接触到各种各样的思想。学生接受信息的方式非常个人化。对思想政治教育者的话语权及领导力产生了影响。

第二，网络行为失范现象较为突出。凡事都有好坏之分。因特网本身信息庞杂以及相关管理不当，使一些学生出现心理问题，也会导致学生自信心膨胀，使学生做出不良行为。要提高对大学生关于网络活动是否非法的辨别能力。因此，必须加强网络监督。

第二章 大学生思想政治教育主要内容

在社会转型时期，大学生的思想、政治、道德观念发生了巨大的变化，使大学生在世界观、人生观、价值观等方面面临着各种各样的诱惑。加强和改进大学生思想政治教育，已成为当务之急。本章分为大学生三观教育、大学生生命观教育、大学生心理健康教育、大学生职业道德教育。

第一节 大学生三观教育

学生是国家的未来，是国家的宝贵人才，是国家建设的接班人。但是，随着时代的变迁，大学生的思想、政治、道德观念发生了巨大的变化，学生的世界观、价值观、人生观等都面临着不同的困惑。加强大学生思想政治教育是当前高校思想政治教育工作的重要内容。

一、世界观教育

世界观教育以辩证唯物主义、历史唯物主义为主要内容，对大学生进行世界观教育应从以下两个方面着手。

首先，教育大学生树立一种彻底的唯物主义的态度和观点。看问题要立足于实际，不能以主观意志、想象代替事实，尊重客观规律，坚持通过研究得出结论，坚持用实践检验真理。

其次，要对学生进行正确的辩证法教育。我们应该全面而非单方面地看待问题。坚持发展观，不能一成不变，要从历史的变化中看问题。把矛盾（特别是事物内部矛盾）作为推动事物发展的动力，善于在矛盾动力的作用下通过量变实现良好的质变。

世界观是理解和改造世界的基本观点。只有树立正确的人生观，我们才能用正确的态度、观点和方法去看待人和事。马克思主义奠基人以解放所有人、实现人类普遍自由发展为己任，确立了科学世界观。

二、价值观教育

教育的价值主要在于使受教育者明白什么是有价值的，怎样才能有价值。价值观是人们内在的观念，渗透并反映在人们的行为中。针对大学生价值观的多样性，应从不同层面构建综合价值观体系。

（一）政治价值观教育

政治价值观是评价某些社会政治事件、政治现象的态度，也是学生价值观体系中的重要组成部分，反映了学生对政治现实、政治理想的总体评价。大学生是国家未来的栋梁之材，其政治价值观对国家的未来与命运起着至关重要的作用。因此，各国对学生政治价值观的形成都十分重视。当代大学生必须树立正确的政治价值观。

传统的政治价值观教育以单向灌输为主，缺乏针对性。如今新媒体为大学生提供了一个平等交流的便捷平台，彰显了大学生政治参与的主体性，有助于培养大学生独立的政治人格。教育者应借助新媒体及时体察大学生的政治参与度、政治关注度和政治观接受度等因子，通过及时跟踪，实时掌握大学生群体各个时期的政治参与行为和政治心理变化，抓住契机开展思想政治教育。

（二）审美价值观教育

审美价值是在审美对象上能够满足主体的审美需要、引起主体审美感受的某种属性。审美价值不仅积极地影响着人们的精神世界，同时也回应着人们改造客观世界的实践活动。青年大学生作为社会中的特殊群体，他们的审美价值观不仅反映了社会精神文明的进步，而且对整个社会的审美情趣、审美取向都有很大影响。因此，学生的审美价值观教育是学校价值观教育的重要内容。

高等教育的目标在于培养高层次的人才和社会精英。审美价值观教育是培养审美意识和审美能力的重要途径。审美心理在培养学生的创造力方面具有特殊的作用。

1. 超然性

审美价值观教育有助于人们树立一种克服困难的生活态度。审美价值观教育把具体的事物形象诉诸美，以美的形象唤起人们内心的情感共鸣，打开欣赏者心灵之门，使人处于一种轻松愉快的状态。这种超越功利主义的人生态度是由审美价值观教育培养的，与崇高的人生追求相结合，使人生境界得到升华。如果我们对生活和工作抱着这样的态度，把个人的功利目标放在次要位置，那么我们就能获得生活、工作的快乐，减轻压力、忧虑和痛苦，这样我们就会更努力地工作、开创事业，从而达到更高的目标。

2. 和谐性

在审美活动中，审美主体由于审美对象的作用而产生感知、想象、理解等心理活动。整个过程总是伴随着愉悦的情绪。这种情感愉悦既不同于肉体感官与欲望的满足，也不同于道德与理性努力所带来的精神愉悦。相反，是一种特殊的审美情感，摆脱了实用性的束缚，脱离了兴趣，进入了一种无欲无求的享受。人一旦进入这种审美境界，情感就会得到净化。

3. 创造性

美育主要取决于教育本身是否具有美的精神与形式；教育内容是否能传达人类历史与智慧之美；教学操作方法是否符合受教育者的审美心理需求；教育结果与目标是否有助于培养自由人格，使其拥有美好的思想和行为。高等教育要实现真正的美育，首先要实现教育的个性化。必须尊重其个性，唤起人们对美的兴趣并允许其自由发挥。在大力提倡创新精神的今天，高等教育不能忽视美育本身所具有的"促进美"特质。教育本质上应具备以美为本的条件。高等教育的一切活动只有贯穿于美的形式之中，达到美的效果，才能达到全面教育的目的。

三、人生观教育

人生观是人们看待人生价值、人生目的、人生意义的基本观点。人生观具有鲜明的阶级性质。大学生人生观教育的主要内容包括人生理想教育、人生目标教育、人生态度教育。

（一）人生理想教育

理想是人们对未来社会及其自身发展的向往，是人们在实践中形成的，是世界观、人生观、价值观的集中体现。

理想可分为科学与非科学理想、社会政治理想、道德理想、职业理想、人生理想。理想对于人的激励，与理想的性质有着密切的关系。

人生理想教育的目的在于帮助学生树立科学、崇高的理想，使学生在复杂的社会环境中保持正确的人生方向。学生只有树立科学崇高的理想，才能产生无穷无尽的精神力量，自觉地为社会的进步与发展做出持续的贡献。

当前，中国各族人民的共同理想是把我国建设成富强民主文明和谐的社会主义现代化国家。大学生共同理想教育的目的是帮助大学生正确认识社会发展规律、国家前途命运、社会责任。要引导学生正确认识和判断理想实现过程中的有利条件和不利条件，正确理解理想与现实之间的关系，从实际出发，勇于实践，积极地为实现理想创造条件。

（二）人生目标教育

人生目标分为终极目标和具体目标。人生的终极目标与人生的具体目标应该是统一的。具体目标依赖于终极目标的领导，而终极目标的实现依赖于每一个具体目标的实现。

大学生的人生观教育应以实现人生终极目标为主要目标。因为人生的终极目标是人生的核心，在学生的人生道路上扮演着重要的角色。正因为终极目标具有指导、鼓励和激励人类的作用，所以我们必须以终极目标来规划人生，指导具体的生活实践。因此，我们必须把人生的终极目标放在首位。

大学生的人生目标是相对稳定的，但也具有一定的可变性。学生个人在生活中的自我定位，反映了他们的社会存在。此外，学生对外部世界的认识逐渐深入，生活观念也发生了变化。如果认为学生的人生目标一旦确立，就不会改变，这种观点不仅与客观事实背道而驰，而且不利于学生不断反思自我。

在关注大学生人生终极目标的同时，也不应忽视其人生具体目标。要引导大学生正确处理终极目标与具体目标之间的关系，使具体目标与终极目标形成统一。

人生目标分为正确的人生目标和错误的人生目标。在对学生进行人生目标教育时，应引导学生正确理解、对待人生目标。

在对大学生进行人生目标教育的过程中，应帮助大学生区分拜金主义与享乐主义，认识拜金主义的本质，理解享乐主义的本质。

（三）人生态度教育

人生态度与人生理想、人生目标、人生价值息息相关。在全面建设小康社会、加快社会主义现代化建设的关键时期，大学生应保持积极、健康的生活态度。

1. 积极向上，开拓进取

学生要培养积极的生活态度。积极进取是大学生在做出决定的时候应该遵循的生活态度。"生命有限，知识无穷无尽。"

2. 热爱生命，乐观自信

生活很公平，时间也很公平。要敢于尝试，要不怕失败，一时的失败并不意味着一生的失败。面对挫折与困难，保持乐观与自信是成熟的标志。因此，大学生要相信自己的力量，用乐观的精神和坚持不懈的人生实践谱写青春之歌。

3.谦虚谨慎，踏实苦干

生活很严肃，很现实。只有谦虚谨慎，实事求是地对待自己、对待他人、对待事业，认真做好自己的本职工作，脚踏实地，才能为事业和人类的发展做出贡献。学生们脚踏实地的态度就是认真地解决学习上的问题。大学期间，我们不能自欺欺人。当代大学生应认识到，学习能力不仅能为自身利益服务，而且关系到中国特色社会主义建设的成败，关系到我国人民的切身利益。

4.助人为乐，奉献社会

帮助别人意味着把自己的快乐和生活乐趣与他人的快乐联系起来，从而实现自己在社会上的价值。学生的幸福关系到整个社会的建设。为了个人利益而讨价还价的态度是不可能获得真正的快乐的，也很难体验到生活的乐趣。

人生态度影响着人生道路与方向。积极的、正确的、乐观的生活态度会使你的生活取得进步和成功。相反，消极的、错误的、悲观的人生态度会导致人生的失败。

人生观问题不仅是一个理论问题，更是一个实践问题。要教育引导大学生积极面对生活，始终保持坚定的人生信念和顽强的斗志，为中国特色社会主义建设创造无愧于时代的人生价值。

第二节　大学生生命观教育

人生观的形成是当前中国大学生思想政治教育的一个边缘内容，也是当前国家教育主管部门亟待探索的一个重要内容。生命观教育是解决大学生当前生活质量问题的重要途径。

一、生命观的科学内涵

生命观是人类对于生命的一般理解或看法，尤其是关于死亡的观点。正确认识"生"与"死"，对于大学生正确看待生活具有积极意义。

生命观不仅仅是一种简单的人生观，还是一种社会观念。社会政策、经济发展、文化等因素决定着人们的人生观。生命观是以人物的生活为基础，对社会政策、经济、文化发展产生重大影响的一种意识形态。

二、大学生生命观教育的内容

生命伦理学是生命知识、生命情感、生命意志的有机统一。

作为生命载体的物质存在是有限度的，具有时间、空间等方面的局限性。每个人的生命都是不可替代的、不可逆转的。要了解生命的有限性、认识死亡的必然性、欣赏生命的价值，培养尊重生命的情感，包括认同、接受和热爱自己的生命，关心和欣赏他人的生命，尊重个体生命的多样性。我们要养成健康的生活方式，不过度消耗生命能量，不做吸毒、酗酒等伤害生命的事情。

生与死是人类生存与发展的基本状态与复杂过程。虽然这种状态和过程不能任意控制和抵制，但是可以有意识地规划和控制。规划人生包括树立远大的志向和理想，确立人生目标和追求，创造完美的人格，选择正确的生活方式，实现人的自然生活、社会生活、精神生活的协调。

第三节　大学生心理健康教育

心理健康不只是一门学科，也是一种实践活动，研究人们心理健康的形成、发展和变化对于保持和提高心理健康水平具有重要作用。心理健康与大学生的成长有着密切的关系。

一、心理健康的内涵

心理健康的人有平静的情绪，能适应社会环境。

在广义上，心理健康指的是一种持续有效且令人满意的心理状态。在狭义上，心理健康指的是人类基本心理活动的完整性和协调。心理健康是指一个人的认知活动、情绪反应和意志行为都处于积极状态，能够充分控制自己的身心。

二、心理健康的标准和测定方法

（一）我国大学生心理健康的标准

大学生是社会中的特殊群体。根据中国大学生的年龄、社会角色、心理发育特点，制定了相应的心理健康标准。

1. 有效的学习和工作

有效的学习和工作是学生心理健康的基本标志。心理健康的大学生能够有效地运用他们的智慧与技能，在学习与工作中取得适当的成绩，获得一定程度的满足与享受。

2. 客观地认识自我

心理健康的学生能相对客观地认识和评价自己。他们不高估自己，不自大，也不轻视自己，不自我否定，愿意努力释放并开发潜能。同时，他们也能接受自身的不足。

3. 适当的情绪反应

心理健康的大学生能够适当地抑制和调动情绪。当某些情绪因素消失后，他们就会逐渐恢复正常的生活方式。他们能够始终保持乐观、自信和满足的心态，善于发现生活中的乐趣。

4. 和谐的人际关系

心理健康的大学生总是愿意和别人交流，他们总是持积极的态度，能够保持独立完整的人格，客观评价他人，与他人和谐相处，乐于帮助他人。总是关心他们所属的集体，如果必要的话，他们会放弃一些个人的愿望。

5. 一致的人格

心理健康的学生能够保持相对稳定的人格，把自己的需要、动机、思想、目标和行为与正确的人生观和信念相结合，从而使他们的各种人格特征具有一致性，不是说学生的个性不变，而是会随着客观现实的变化而变化，在变化中保持各方面的协调，从而不断完善个性。

6. 与社会利益相一致

心理健康的学生能够积极地了解社会、适应社会。如果他们发现自身的想法、愿望、目标和行为与社会利益和大多数人的利益相抵触，他们就会放弃或者调整自己的行动计划，以寻求符合社会规范和适应社会变化的生活方式。

（二）心理健康的测定方法

人的心理活动是大脑内部活动的一部分。人类的心理活动无法直接测量，只能借助对人类特定活动的测量，从而间接地了解人类的心理特征和心理健康水平。

1. 精神检查法

精神检查法最初指的是精神病医生通过谈话和观察记录病人的心理活动，后扩展成一种评估心理健康状况的方法。通常，专业的心理健康专家会评估当事人的心理问题的性质和程度。评估人员应具有丰富的专业知识和丰富的经验，否则容易出现误判，尤其是在症状不典型、不明显、时好时坏的情况下。

2.统计学方法

心理测试中常采用统计方法。尽管个体心理活动具有不同的特征，但是正常人在各个层面上都存在着相对集中的区域，即正常区域。如果偏离正态分布，或者低于某个临界值，就会被认为心理异常。该方法具有使用方便、统计指标客观等优点。然而，其缺点是少数人（例如智商特别高的人）会被认为与正常范围不符，并且可能会被误诊为患有精神病。

三、大学生心理健康教育的目标和有效途径

（一）大学生心理健康教育的目标

心理健康教育的具体目标是促进学生心理健康，为学生全面发展奠定良好基础。因此，从受教育者的角度看，大学生心理健康教育目标可分为短期目标与长期目标；从教育者的视角看，大学生心理健康教育目标可分为发展目标与治愈目标两大类。在教学实践中，要有明确的目标，才能促进学生的心理健康教育。

1.当前目标与长远目标

当前大学生心理健康教育的当前目标主要是解决当前的心理问题，具体问题如成绩差、轻视同学、生活空虚等；长远目标一般包括提升学生心理素质、塑造健全人格，让学生认识自我、接受自我、欣赏自我、克服成长障碍、充分发挥潜能。在心理健康教育的过程中，要把当前目标和长远目标结合起来。

2.发展性目标与补救性目标

大学生心理健康教育的发展性目标是促进学生心理健康，不断提高其心理素质，形成适应社会的健康心理；补救性目标主要针对少数有心理问题的学生，给出治疗方案。发展性目标与补救性目标的结合，旨在提高全体学生的心理健康水平，提高他们的学习生活质量。

3.具体目标

具体来说，大学生心理健康教育的目标主要包括三个方面。

第一，了解心理健康的作用。随着社会的发展，人们对心理健康教育的认识不断加深，提出心理健康教育应具有初级、中级、高级三大作用。初级作用是传授心理健康知识，预防和减少心理疾病；中级作用是增强心理素质，提高心理适应性；高级作用在于提高个人素质，更好地适应社会。我国的心理健康教育水平

还处于初级阶段，有待进一步提高。通过全社会（尤其是教育部门）的关注，逐步发挥中高级心理健康教育的作用，完善心理健康教育。

第二，要学习心理健康知识。了解心理健康知识，不仅能帮助大学生树立心理健康观念，更能提高大学生的心理素质和社会适应能力。人才竞争是未来竞争的焦点，健康水平是人才竞争的重要条件。要想在人才竞争中保持有利条件，就必须保持良好的健康状况。

第三，要丰富大学生心理健康知识，提高大学生自我管理能力。目前中国大学生心理健康水平仍有待提高。心理健康知识水平是影响人们行为和生活方式改变的重要因素。心理健康教育的目的是改变学生心理健康知识匮乏的现状，充分利用先进的教学设备、多样的信息传输形式、丰富的数据等使大学生掌握丰富的心理健康知识，观察和分析各种生理、心理和社会因素，改变不良行为和不良生活方式，提高自理能力。

（二）大学生心理健康教育的有效途径

大学生的心理健康不仅关系到他们的生活、学习、工作，而且关系到中华民族整体素质的提高。高校应采取积极的措施提高大学生的心理健康水平。

1. 宣传心理健康知识

在中国，由于缺乏系统的心理健康教育，从小学到中学再到大学，学生的心理健康意识容易存在一定程度的偏差。这些偏差主要表现为两方面。一是片面理解健康含义。一些大学生并没有意识到心理健康在健康评估中起着重要作用。他们只注重身体健康，忽视精神健康。二是片面地理解心理健康的重要性。他们常常认为只要不患有精神疾病，他们就是健康的。因此，应充分利用学校的广播电视、计算机网络、校刊、校报、橱窗、黑板报等宣传媒介，广泛宣传、普及心理健康知识，增强学生的参与意识，提高学生的兴趣。

2. 开设大学生心理健康教育课

开设大学生心理健康课程具有重要意义。该课程旨在使学生系统掌握心理健康知识，使学生了解健康心理在成长与成才中的重要作用。心理健康教育的主要形式是课堂教学，具有相关性强、信息量大、课程相对集中、师生交流方便等特点，是大学生心理健康教育的一种特殊形式。高校应建立一支专业互补、相对稳定的心理咨询队伍；通过知识教学、案例教学、体验教学、行为训练等多种形式，努力提高学生的能力。

3.开展心理咨询

心理咨询是指心理咨询师运用心理学及相关知识为客户解决心理问题。积极创造条件建立心理咨询室，为大学生提供心理咨询服务，同时建立一支专业互补、相对稳定的心理健康教育工作者队伍。心理咨询分为个人心理咨询和团体心理咨询两大类。多数情况下，一对一的个人心理咨询是必要的。另外，同样有心理问题和困扰的学生也可以组成小组进行小组咨询。在这个团体里，他们可以得到支持，不再感到孤独，并且增加了克服困难的决心。

4.进行自我教育与自我调节

建立科学合理的学习、生活秩序。要提高学生的心理健康水平，就必须建立科学合理的学习、生活秩序。我们应该科学运用大脑，改进学习方法，科学地控制时间，劳逸结合，避免疲劳战术。运用心理学原理组织学习过程，提升学习能力，提高学习效率。

学会改变自己的情绪。为了避免最后爆发的愤怒，可以看电视、看电影、打牌、和朋友们一起玩，做些事情来改变你的情绪，调整你的情绪。如果总是郁郁寡欢，苦不堪言，那不但没有用，还会使坏情绪进一步恶化。

学会适当释放自己的情绪。受挫后，学生心理上处于恐惧、愤怒、冲动的状态。如果不能很好地解决这些问题，他们就会表现出各种各样的负面行为反应。

第四节　大学生职业道德教育

职业道德教育是一种有针对性的、有计划的、有组织的、系统化的道德教育活动。职业道德教育包括："服务前职业道德教育"，即使学生了解职业道德和职业道德规范；"下班后职业道德培训"，指一定形式的职业道德培训活动。

一、职业道德的内涵和构成要素

（一）职业道德的内涵

职业道德与职业活动有着密切的联系。职业道德是指从事某一职业的人在其职业生涯中必须遵循的道德规范，以及与之相适应的道德观念、情感和道德品质。职业道德是职业活动中社会主体道德体系的体现。职业道德与专业活动密不可分。从事共同职业的人在理想、兴趣、爱好、习惯、心理等方面有相似之处。这些人在某种关系中有着特殊的职业责任感和职业操守。职业责任和职业纪律要求会导致一定的道德标准。在现实社会中，职业道德是整个社会道德体系中不可或缺的一部分，可分为基础层次和具体层次两个层次。具体的职业道德要求是以特定社会的基本职业道德和行业的具体要求为基础的。

（二）职业道德的构成要素

职业道德是一种相对独立的规范体系，包括职业理想、态度、责任、技能、纪律。这些因素反映出职业道德在不同层次上的特殊性。

1. 职业理想

职业理想指的是人们对未来职业发展的期望值。职业理想是个人职业选择与实践中某些社会理想的具体体现。职业理想具有鲜明的个性特征，与个体关系密切。个人的主观能动性直接影响着职业理念。

2. 职业态度

职业态度的本质是工作态度。工作态度是承担职业责任的基础。职业态度是从事特定职业活动的先决条件。职业态度主要包括两个方面：正确的工作态度和脚踏实地的态度。正确的工作态度要求我们努力工作，无论做什么工作。脚踏实地的态度要求我们认真践行职业行为准则，长期坚持，永不松懈。

3. 职业责任

职业责任一般指从业人员在整个行业和社会中所承担的特定责任。从社会实践来看，职业责任关系到整个社会的稳定与和谐，也关系到个人职业活动的成败。举例来说，注册会计师如果不按照行业标准审计公司账目，不仅要受到相关法律的制裁，还要受到所在公司的处罚。承担一定的专业责任，履行特定的专业职责，是员工最起码的道德要求，是从事专业活动的先决条件。

4. 职业技能

专业技能是从业人员从事专业活动所必须具备的技能。职业技能是职业道德的载体和表现形式。此外，从业人员应积极学习并保持专业技能，以适应时代发展的需要。

5. 职业纪律

职业纪律以规则、规章的形式维护职业活动的正常秩序。职业纪律的有效性介于法律与道德之间，具有职业道德的一般特征。纪律是人们职业道德不均衡发展的重要因素。事实上，如果没有纪律，人们就会失去职业活动的自由，整个社会生活就会变得不可思议。纪律的重要性客观上要求每个从业人员遵循并维护纪律，使之成为一种自然的、自觉的职业行为。

二、大学生职业道德教育的内容

（一）职业观教育

职业观教育是大学生职业道德教育的重要内容。

第一，通过劳动光荣教育，使学生认识到劳动是他们生命中不可或缺的一部分；工作在本质上是不存在高低贵贱之分的。

第二，尊重劳动成果的教育。任何一份工作的结果都应该受到尊重，因为任何职业都是需要付出努力的。此外，大学生应充分认识到他们工作的价值。只要肯用功，就可以在生活的各个领域拿第一名。

大学生应正视自身能力，树立崇高的职业理想，把个人理想和社会需要结合起来，把个人利益同国家利益、社会利益结合起来。

（二）劳动态度教育

职业道德教育的内容应使学生认识到自己是国家的主人和工作的主人。他们的工作不仅能改善他们的生活，还能使国家更加强大，使人民更加富裕。因此，要教育大学生把各种工作做到尽善尽美。

（三）劳动纪律教育

各行各业的人都有责任。从业人员应恪尽职守，负起责任。职业守则规定了每个从业人员必须遵守职业纪律。作为一名大学生，应该了解职业纪律的概念，并且严格遵守职业规则。没有责任感，没有纪律，生产是无法顺利进行的。由以上讨论可知，培养学生的责任感与纪律感比学习技术更重要、更艰巨。学生应该明白，无论从事什么职业，都必须认真学习有关职业责任的规定，并忠于职守。

第三章　新时代大学生思想政治教育方法创新的路径探索

思想政治理论课是大学生思想政治教育的重要组成部分，对于"视野要广"的要求，同样也适用于大学生思想政治教育工作。这对于思想政治教育方法创新具有重要意义。同时，结合大数据时代的形势发展需要，要求新时代大学生思想政治教育方法创新要具有历史视野、国际视野、学科视野和大数据视野，进而实现在继承、借鉴和实践探索中的创新性发展。

第一节　历史视野下探索大学生思想政治教育方法创新

任何事物都有其特有的发展过程，要把握事物的发展规律就必须研究事物的发展过程，而事物的发展过程由事物发展的历史、现在和未来三部分组成。对此，探索大学生思想政治教育方法创新就需要具有历史的视野，在分析原有教育方法的基础上实现继承性创新。

一、历史视野下大学生思想政治教育方法创新的必要性

从根本上看，思想政治教育方法作为一种意识形态统治工具，它并不是从来就有的，而是来源于人们在思想政治教育实践活动中的感性经验和理性认识的日积月累，历经无数历史实践检验后概括而成的一种知识体系，反映了思想政治教育方法运用与发展的内在规律。可以说，现有的一切思想政治教育方法都是时代发展的产物，体现了一定历史时期人与社会发展的价值诉求。从这个角度看，思想政治教育方法也可以说是社会意识的构成部分，相对社会存在而言，具有其相对独立性，能够超越原有社会存在的依存基础而继续存在；同时，这种存在状态也并非一成不变的，而是在人与社会的存在变化和发展进步的推动下不断向前发展的。这种发展方式，一般包括四种：创造全新的方法体系、综合运用已有的方

法、批判并更新已有的方法和抛弃并重组原有方法，这集中体现了继承性创新对于思想政治教育方法发展的不可或缺性。思想政治教育方法的继承性创新，是指结合时代发展变化和教育工作需求，对思想政治教育在历史实践过程中产生的且被证明有效的方法进行批判性继承、改造和更新。"当我们运用这些前人传下来的方法解决我们当下面临的现实问题时，是历史遗传下来的方法同当下现实方法的相互结合、相互改造，思想政治教育方法就在结合与改造中得到了发展"，这种发展既表现为"历史遗留方法"在批判性继承中被赋予了新的时代内涵，又表现为"当下现实方法"在批判性继承中被拓展了新的价值用途，深刻体现了继承性创新的两个方面。

大学生思想政治教育方法的创新要以继承为前提、基础，离开了继承，创新就会因缺乏根基而难以为继。在历史视野下的大学生思想政治教育方法创新，不仅要注重对我国传统思想政治教育方法的继承，更要注重对中国共产党革命、建设时期思想政治工作的经验的继承。我国自古以来就一直非常重视道德教育和品德修养，经过几千年的长久历史发展，形成了主要以儒家为代表的一系列有关社会教化和自我修养的方法论思想，是一座不可低估的思想政治教育方法资源宝库。思想政治工作作为中国共产党的政治优势和优良传统，在继承这些资源的基础上，结合中国共产党在不同历史时期的思想政治工作实践，形成了一系列有关思想政治工作理论与工作方法的重要发展成果。随着历史发展的不断推进，这些发展成果将变得更为硕大、丰富，是促进大学生思想政治教育及其方法创新性发展的宝贵财富。为增强教育方法创新的实效性，大学生思想政治教育方法应当在历史思维、辩证思维和创新思维的指导下，对传统思想政治教育方法资源，尤其是中国共产党的思想政治教育方法资源，进行批判性挖掘和转化，使其在新时代背景下发挥新的作用，使大学生思想政治教育方法在继承性创新中焕发新的活力。

二、历史视野下大学生思想政治教育方法创新的主要内容

在历史视野下研究大学生思想政治教育方法的继承性创新，最关键的是要继承和发扬中国共产党在开展思想政治工作中所形成的优良传统，否则，我们将会面临丧失创新的根本、失去这个政治优势的危险。不可否认的是，对于党的思想政治工作的优良传统，随着历史的发展变迁，"尽管有些方法或形式过时了，但其基本方法、基本经验没有过时，仍然保持着旺盛的生命力"，这些东西是我们必须继续传承和发扬的，结合新时代的存在实际，促进其创新性发展。"理论教育法、实践教育法和批评与自我批评的方法，是思想政治教育的基本方法"，历

史视野下大学生思想政治教育方法的继承性创新，应重点以这三种方法为主要创新内容。

（一）理论教育法的创新

理论教育法主要包括理论讲授、理论培训和宣传教育等方式，理论教育法的创新就应当在这三个方面上下功夫，如在理论讲授上讲究施教艺术、在理论培训上构筑教育平台、在宣传教育上打造宣传文化特色。

1. 在理论讲授上讲究施教艺术

众所周知，语言是人际沟通、交流信息的基本传播渠道和传播工具，在运用过程中还深刻体现着人在待人处事上的某种思想情感、心理态度、伦理原则和审美情趣等，这在一定程度上不仅反映了一个人的综合素养水平，而且反过来间接地影响了语言运用的作用效果。而理论讲授一般主要采取课堂讲授的方式进行，大学生思想政治教育在开展理论讲授时离不开对一定语言的运用，对大学生的行为方式引导和心理问题疏导亦是如此。语言表达的艺术化具有增强吸引力、感染力和说服力的作用，很大程度上影响着语言表达内容的传播效率和传播效益。因此，教育者的语言表达是否具有高超的艺术性，或者说教育者语言表达能力的强弱，对大学生思想政治教育效果的影响至关重要。对此，习近平总书记在学校思想政治理论课教师座谈会上指出"思政课教学离不开教师的主导，同时要加大对学生的认知规律和接受特点的研究，发挥学生主体性作用"，而如何更好地激发学生的主体性作用，对教育者的施教语言表达提出了较高要求。为增强教育的实效性，要求教育者自觉提升对教育语言表达艺术的运用能力。

2. 在理论培训上构筑教育平台

由于科学的理论从来不会自发地产生在人民群众的头脑中，运用科学的理论指导人民群众的社会实践，就要借助理论培训的方式丰富人民群众的知识储备，这充分凸显了加强理论培训教育平台建设的重要性和必要性。在此过程中，为扩大大学生思想政治理论培训教育的作用覆盖面，应将诸如"周末课堂""讲习所""道德讲台"等类似形式的教育平台尽可能地建在每个高校；为增强大学生思想政治理论培训教育平台的吸引力，在理论培训内容上应将理论教育内容同大学生的学习、生活实际及需求相结合，在理论培训教育平台的施教主体选择上，实现专职讲师队伍与"身边人"讲师队伍相结合，使大学生听得懂、学得会。如贵州省毕节市在大革命时期开展的农民讲习运动基础上成立了"新时代农民讲习所"，在施教主体上将专职讲习员与农民致富带头人等兼职讲习员相结合，对农民进行包含政策教育、技术培训、道德教育、思想教育和传统文化教育在内的教育内容，激发农民对思想政治教育的兴趣，使农民在"传帮带"的过程中思想认识得到升华、道德素质得到提升。对此，习近平总书记对"新时代农民讲习所"的兴办做出了高度评价，认为"新时代的农民讲习所，赋予它新的内涵，这是创新"。同理，难道就不能办一个"新时代大学生讲习所"之类的思想政治理论培训教育平台？兴办"新时代大学生讲习所"，不仅是对大学生思想政治理论课的补充，更能对大学生的思想行为发展产生重要影响。

3. 在宣传教育上打造宣传文化特色

由于"每个地方都有各自的文化特色与资源优势，以及不同的文化产业发展基础条件"，且"任何文化对人的最有力的影响，乃是对人们观念模式、行为规范、思维方式、情感态度等的影响"，因此在宣传教育上打造宣传文化特色，就应当凸显校园文化特色和深入挖掘校园文化资源优势，使理论宣传教育内容与大学生的文化接受心理相契合，进而增强大学生对理论宣传教育内容的认同感。如中铁十六局集团党委为增强员工的凝聚力、弘扬"工匠精神"，积极探索"屏幕政工"模式，以企业承建的工程项目为切入点，精心制作了以《艰苦的穿越》《央企铁军》为代表的专题宣传片和教育片，通过对施工过程中人、事、物的浓墨描述，既宣传了企业核心精神，又使员工在思想上得到引领、精神上感到震撼和行动上受到鼓舞，充分体现了"铁道兵是有战斗力的队伍"。同理，中铁十六局的理论宣传教育所打造的宣传文化模式，就很值得大学生理论宣传教育借鉴。

（二）实践教育法的创新

实践教育对于大学生良好思想行为的养成有着重要作用，为有效促进实践教育法的创新性发展，需要把握好实践教育时机的选择、实践教育资源的挖掘和实践教育手段的丰富。

1. 选择实践教育时机

事实证明，随意开展实践教育易使人产生一种应付的、敷衍的无厘头感觉，教育对象在实践教育过程中往往盲目无措，导致最终收到的教育成效大打折扣。可见，选择好恰当的时机，对于实践教育的开展至关重要。善于制造与寻找合适的教育契机，不失时机地将实践教育活动融入其中，这既为实践教育的开展找到了合理的"开头"而不显突兀；同时，与一定教育契机相融的实践教育内容又更易获得教育对象的理解与认同。"节日"是我们为适应生产生活的需要而共同创造的一种民俗文化，是文化传统的一种体现，寄托着人民群众的深厚情感，体现了一个民族的精神气质，有着广泛的群众基础并为人民群众所熟悉。因此，大学生思想政治教育的实践教育应当善于从文化传统的"节日"中寻找教育契机，通过打造好和运用好"节日"性实践教育形式，服务于大学生思想政治教育过程。鉴于我国节日数量繁多，一般主要包括传统节日、活动日和日常衍生类节日三大类，打造与运用"节日"教育平台应当主要从这三方面入手。

2.挖掘实践教育资源

中华文化历史源远、博大精深，中华优秀传统文化为大学生思想政治教育提供了丰富的文化教育资源，包括实践教育资源。从宏观层面上看，"任何文化都包括虚体部分和实体部分，虚体部分就是文化所蕴含的精神价值，实体部分则是承载文化精神价值的物质基础和传播形态"。文化虚体是文化实体的实质内核，文化实体是文化虚体的承载、传播载体。在新时代，文化虚体集中体现为社会主义核心价值观，文化实体则主要指文化事业或产业。从微观角度上看，文化实体其实就是文化事业或产业创造的那些客观的、具体的诸多文化物质形态，如建筑馆、文化馆、纪念馆、旅游景点等。运用文化实体来开展大学生思想政治教育的实践教育，就是要充分利用与大学生思想行为特点相适应的诸多文化物质形态所蕴含的正向精神价值来影响、作用于大学生的思想行为发展。

3.丰富实践教育手段

随着社会发展水平的不断提升和现代科技手段的日新月异，社会物质条件变得越来越丰富，尤其是信息技术的日益高端化发展及其普及运用，在社会生活中人们的沟通交流模式和行为方式选择较之以前发生了深刻的变化，有了新的时代特点。在新时代背景下，为增强实践教育的时代感，要求大学生思想政治教育根据教育环境的新变化和大学生思想行为发展的新特点，充分运用虚拟现实技术发展成果积极探索虚拟式实践教育模式的运用。

所谓"虚拟"，是随着现代信息技术的兴起而伴生出的一个新近用词，其表现形式是由数字化的、无形的信息符号和电子信号构成，是信息社会条件下物质存在状态的一种新形态、信息活动方式的一种新形式，在一定程度上可以说"虚拟"其实就是现实的反射映象。在现代信息技术作用下，以互联网为平台的网络世界得到无限延伸，网络虚拟数字空间得到很大程度的开发，这为思想政治教育活动的开展形式由现实性转向虚拟性提供了条件和可能。虚拟式实践教育凭借对虚拟现实技术的运用，将现实社会中碍于客观条件的局限而使那些看起来不具有现实性的科学合理想象，由不可能向可能发生转变，这极大改变了人们的思维方式，要求人们的思维方式必须具有交互性、动态性、联系性、探索性、非线性和创造性。虚拟现实技术的运用，可使人们在虚拟空间中获得在现实社会中许多不可能有的经历和体会，帮助人们在丰富阅历、拓宽眼界和深化认识上实现新跨越；能够通过虚拟空间的创设，为人们头脑中各种创意的再现转换、实验模拟和数据修正提供平台。这些都充分显现了虚拟现实技术对于促进人与社会发展所具有的重要作用，这为运用虚拟现实技术于实践教育提供了合理性和可能性。

当前大学生实践教育的活动方式一般还是采取现实性而非虚拟性的，应当发明一种体现时代发展要求的、新型的实践教育形式——虚拟式实践教育。所谓虚拟式实践教育，就是指教育者组织教育对象运用各种交互设备在创设的虚拟空间中开展虚拟实践活动，通过逼真的、有着"视听触"感知的虚拟实践教育情境，教育对象能获得与现实实践教育环境几乎等同的教育体验和感受。由于这种教育形式对虚拟现实技术的运用有着一定要求，特别适用于大学生青年群体以及网络爱好者。随着网络的普及范围越来越广、网民数量规模越来越大，在未来社会中会使用虚拟现实技术的人数只会愈加庞大。这也意味着虚拟式实践教育的适用对象也将越来越多。因此，着眼于大学生思想政治教育的未来发展，需对虚拟式实践教育模式进行深入挖掘与开发，不断探索出一个适用对象多、教育形式多样和教育效应好的实践教育模式，不断健全和完善虚拟式实践教育作用机制，从而推动整个思想政治教育体系的新发展。

（三）批评与自我批评方法的创新

自觉开展批评与自我批评是中国共产党人的优良传统，是及时纠正或预防党内领导干部或党员同志出现思想问题或工作问题的重要方法，是我们党的最大政治优势。将这种方法运用于大学生思想政治教育，对于促进大学生的思想行为发展和提高思想政治教育质量具有重要意义。但由于受到多方面复杂因素的影响，现实中对批评与自我批评方法的运用还存在一些问题，如在行为实践上存在"自我批评多、他人批评少，领导批评多、群众批评少，浅层批评多、深入批评少，枝节问题批评多、原则问题批评少，背后批评多、当面批评少，正面肯定多、负面挑刺少"等问题，这是批评与自我批评不彻底的重要体现。在新时代背景下，为继续发扬批评与自我批评的优良传统，并将这种方法有效运用于大学生思想政治教育，需在运用方式和运用手段上实现创新性发展。

1.在运用方式上的创新

根据教育对象的不同以及批评内容的严重程度，进行有针对性的运用。

其一，直接的方式。就教育对象而言，这种方式主要适用于教育者对性格直爽、性情坦率、乐观开朗、心理承受能力较强的学生。教育者指明其存在的思想行为问题时不用遮遮掩掩、含糊其词，可直接开展批评性教育，且这类学生往往也会在教师的批评教育下做出自我批评、自我反省和自我改造。在班级团支部的民主生活会上，教师（尤其是辅导员）应营造良好的民主氛围，引导班内学生畅所欲言，就自身存在的问题不避讳、不遮掩，直截了当地做出自我批评检讨，并对其他同学身上存在的问题，一针见血地指出来并客观地、就事论事地发表批评意见，帮助被批评对象更好地反思、改正。

其二，委婉的方式。这种方式主要适用于那些脸皮薄、自尊心强以及心理承受能力较弱的学生，这类学生一般不易接受正面批评，如果采取直截了当的批评方式，对于大量的批评信息该类学生往往接受不了，更不用说引导批评对象开展自我批评的后续事宜了，这样的批评方式是很难取得良好成效的；如果有效果，往往也是负面的东西大于正面的，与开展批评教育的初衷相背离。对此，教育者应当采取委婉的批评教育方式，在教育过程中将自身经历与教育对象一起置于批评之中，在批评自己的同时，逐步引导教育对象对自身存在的问题做出自我反思，进而自觉开展自我批评教育。这种批评教育方式强调循序渐进，给教育对象一个心理适应、自我认识的过程，避免了因托盘而出的批评信息而导致心理承受能力超负荷的问题，减轻了批评对象的思想负担和心理压力，使得批评教育与自我批评教育开展起来更为容易。

其三，启发的方式。这种方式强调采取"说者无意听者有心"的批评手法，通过营造一种心理压力的方式迫使相关教育对象在内心上进行自我检讨、反省，进而达到批评与接受批评的教育目的。当然，这种批评教育方法一般适用于那些注重自我修养、有着较高自觉性的人。启发式批评教育在具体运用时，强调对批评对象不点明、模糊化，注重暗示、隐晦的操作技巧，在此情况下传递出来的批评信息往往不会使批评对象在心理上产生对抗状态，使批评对象的内心在看似若无其事的批评教育过程中自觉接受批评并进行自我拷问，达到自我教育的目的。

其四，揭露的方式。这种批评方式主要针对那种问题较为严重甚至很严重的情况。问题的严重性程度越高，其所带来的危害也就越大，所以针对具有此类问题的人，教育者在开展批评教育时应当毫不留情地予以揭露，使批评对象"红红脸、照照镜"并意识到所犯错误的严重性，督促批评对象做出深刻的自我检讨、自我批评和自我改过。这种批评方式集中体现了批评与自我批评的严正政治立场，与一般的普遍性批评相比，更具战斗力。当然，在使用这种批评方式时还应当把握好分寸，不能将批评扩大化为人身攻击，切实将批评力度控制在有利于问题解决与防止矛盾激化之间的平衡状态。

2. 在运用手段上的创新

批评与自我批评的运用，一般主要采取面对面在场的形式进行，如召开党的民主生活会、党内民主评议等基本上都是采取这种形式。中华人民共和国成立后，中国共产党成为执政党，为防止人民赋予的权力被某些党的领导机关和党员干部滥用、私用的现象发生，中共中央政治局出台了《中共中央关于在报纸刊物上展开批评和自我批评的决定》，"这是以中共中央的名义公开发出的第一个，也是迄今为止唯一的一个利用报纸刊物展开批评与自我批评的专门文件"，通过在报纸刊物上开展批评与自我批评，使人民群众对党的领导机关和党员干部对手中权力的运用进行了有效的监督。这种对报纸刊物的运用，可以看成批评与自我批评的作用范围由党内延伸至党外、作用模式由"直接面对"转变为"间接面对"，是对党内批评与自我批评的一次创新性发展。

在新时代，信息网络科技的迅猛发展，尤其是手机自媒体技术的出现及普及性应用，极大丰富了批评与自我批评的运用手段，进一步促进了党的批评与自我批评运用的创新性发展。在大学生思想政治教育中，通过引进现代信息网络技术并将其同批评与自我批评教育相结合，打破了原来开展批评与自我批评教育的时空限制，不仅为教育工作的开展带来了极大便利，更提升了工作效率。如通过开通网络云直播、开设网络云会议等，将批评与自我批评教育的开展由现实环境转变为虚拟环境，达到了实现随时随地即时性状态，极大丰富了教育形式。不仅如此，随着网络技术的不断发展，可供批评与自我批评教育运用的手段将变得更为日益高端且丰富多样，有助于提升教育工作的实际效果。比如，全息立体成像技术不仅能使人与人之间的交流实现可视可听的状态，还能给人一种面对面的现实感觉。由于使用这种技术对网速流量要求比较高，在 4G 时代难以实现实时的沟通状态，但随着 5G 甚至 6G 时代的到来，这些技术性问题便会迎刃而解，极大丰富了人际的沟通交流方式，2020 年全国两会前夕新华社记者同武汉人大代表进行远程同屏互动，就是最好的证明。

第二节　国际视野下探索大学生思想政治教育方法创新

有对比就会有差距，才能知优劣。大学生思想政治教育方法通过对比取长补短，有助于更好地完善自身。为增强方法创新的实效性，大学生思想政治教育方法应当在国际视野的比较下，有针对性地学习国外大学生思想政治教育方法的有益理论和成功经验，在借鉴性创新中促进自身发展。

一、国际视野下大学生思想政治教育方法创新的必要性

在国际视野下探索大学生思想政治教育方法的创新，主要是从国际借鉴这个层面来谈的。通过比较国内外大学生思想政治教育及其方法的作用效果，积极、主动借鉴国外大学生思想政治教育的科学方法理论与成功实践经验，在促进我国大学生思想政治教育方法创新性发展的同时，不断丰富和完善我国大学生思想政治教育的方法理论和方法体系。而现实实践也表明，合理借鉴国外的有益经验与理论，有助于提升我国大学生思想政治教育方法创新的实效性和科学性，是我国大学生思想政治教育方法实现创新性发展的基本方式之一。

由于"一切人类文明，只有在相互借鉴中，才能得到更好的生存和发展"，任何国家和地区如果一味地封闭自守、安于现状，对各种外来文化表示出不待见或鄙视的认知态度，势必导致日渐衰亡的结局，中国近代发展史的惨痛历史教训就是铁的历史证明。在开放的全球化时代，国际之间的各种交流日益纷繁多样，中国在现代化建设过程中要想不断缩小与发达国家的差距，就应当积极学习和借鉴一切人类文明发展的智慧结晶。对此，大学生思想政治教育方法也应当主动学习和借鉴一切有助于促进其创新性发展的各种国外大学生思想政治教育方法的有益实践经验和优秀理论成果。正如马克思所说"哲学家们只是用不同的方式解释世界，问题在于改变世界"，人们认识世界的目的是更好地改造世界，并为在改造世界过程中所面临的问题积极寻找解决办法。这也充分表明，当不同国家或地区的人在从事各种实践活动中遇到各种问题时，一般都能创造出有效的解决方法和解决经验并形成一种知识成果。

这种解决之道对于不同地域的人来说往往也具有适用性，他们凭借方法的知识形态进行学习和运用，让自己原本掌握的方法体系得以丰富和完善，这是方法借鉴性创新的发展基础。西方国家虽无思想政治教育之名，但都在行思想政治教

育之实，无论是过去还是现在皆是如此，他们在诸如公民教育、道德教育等活动开展过程中建立了一些较为有效的教育机制和较为完善的教育理论和方法体系。对于大学生思想政治教育方法创新而言，这些发展成果无论是在实践操作上还是理论研究上，都对我们具有重要的借鉴意义。

大学生思想政治教育方法在借鉴性创新中应坚持"以我为主、兼收并蓄、突出特色"的原则。由于不同国家的思想政治教育方法有着其特有的产生背景，从教育方法的运用上看，不仅运用的物质条件有所不同，而且在作用对象及其具有的思想行为上也不一样，这就决定了对国外大学生思想政治教育方法资源"要积极吸收借鉴，也要加以甄别，有选择地吸收和转化，不能囫囵吞枣、照搬照抄"，决不能"全面移植""全盘西化"。而应从我国大学生及其思想政治教育的存在实际出发进行有针对性的借鉴，推进其有益方法在我国大学生思想政治教育发展过程中的本土化进程，赋予其本土化特色，进而促进我国大学生思想政治教育方法的理论创新和实践创新。

大学生思想政治教育方法在借鉴性创新中还应坚持灵活性原则。就是灵活多样地从多维度、多侧面、多角度去借鉴国外大学生思想政治教育方法的有用价值。如采取目标式的借鉴方式，以西方发达国家或东亚发达国家的大学生思想政治教育方法为对象，借鉴其现代化的发展之路以推进我们的现代化发展进程；采取问题式借鉴方式，根据我国大学生思想行为发展所面临的问题，从国外大学生思想政治教育应对类似问题的方法中汲取营养；采取反补式借鉴方式，对中外大学生思想政治教育都有的方法进行比较，在借鉴中以其之长反补己短。

二、国际视野下大学生思想政治教育方法创新的主要内容

国外在开展大学生思想政治教育过程中形成了一些有益的教育理论和方法，并在实际操作过程中积累了丰富的实践经验。对此，在国际视野下促进大学生思想政治教育方法的创新性发展，应当积极借鉴国外大学生思想政治教育的理论与方法及其成功实践经验。

（一）借鉴国外大学生思想政治教育的理论与方法

国外在开展大学生思想政治教育过程中形成了一些有益教育理论，但其影响力较大的一般包括实用主义理论、社会学习理论和价值澄清理论。我国大学生思想政治教育应当在辩证思维的指导下有选择地从中汲取合理成分，从而更好地促进我国大学生思想政治教育及其方法的创新性发展。

1. 对实用主义理论的借鉴

实用主义是美国学者皮尔士（Peirce）在19世纪70年代创立的一个哲学派别，后经詹姆士（James）、杜威（Dewey）等人的努力，实用主义在20世纪初成为美国最具影响力的哲学流派。其中，杜威将实用主义哲学的发展推向了顶峰，极大地扩展了实用主义的运用领域，尤其是实用主义理论在教育领域的运用。在杜威看来，人们看待任何事物往往都有着自己的立场、观点和看法，其评判标准就是看认知对象的使用价值是否能满足自己的某种需求，肯定人的经验性而否定事物规律的客观性，强调有用的就是真理、无用的就是谬论，提出了"有用即真理"的论断。这种哲学思想也体现在他的教育理论研究中，提出了"教育即生活"的观点，认为"教育在它最广泛的意义上乃是社会生活延续的工具，教育之于社会生活，正如营养和生殖之于生理的生活"，将教育与社会生活等同起来看待，凸显了两者联系的紧密性。在其看来，将教育当作一个社会生活过程，就是为了帮助人们更好地理解社会、适应生活，"我们在学校生活，是为社会生活做准备。如果学校不具备社会性，没有和外面世界接触并建立关联的观念，那么，我们的学校教育不就变成和那所游泳学校没有区别了吗"？如果教育的"教材与学生的生活、需要、经验、兴趣以及社会状况分离了，不但学生所学的知识没有什么实用；习惯下来，学生的心理亦不求有实用了……这不是很坏的事情么"？可见，杜威的实用主义教育理论非常强调学校教育要与社会生活相结合，这对于学生的成长成才至关重要。虽然该理论建立在唯心主义基础之上，过于强调人的经验作用且将教育与生活、学校与社会等同起来，但其有关学校教育要同社会生活相结合的思想对于新时代大学生思想政治教育方法创新具有重要借鉴意义。大学生思想政治教育过程中教育者切实将教育内容与大学生的社会生活实际有机结合起来，不仅有助于教育对象对教育内容的理解，还有助于增进教育对象对思想政治教育的情感认同，这些对于增强教育的实效性都有着重要作用。

2. 对社会学习理论的借鉴

社会学习理论是以班杜拉（Bandura）为主要代表的心理学家从心理学角度研究有关人对知识、品德、技能的习得过程而形成的一种教育心理学理论。该理论强调人的各种行为是在人与其所处环境的交互作用过程中生成的产物，这个交互过程体现为：处在一定社会环境的人，通过直接观察或模仿他人的各种行为方式而获得某种知识的、品德的或技能的经验，进而在思想上形成相应的理论知识、道德品质和技能素质，在行为上养成良好的行为方式和行为习惯。这种观察或模仿，其实就是人际就有关社会行为的间接性经验学习，也称"社会学习"。而教育心理学的大量实验结果也表明：人的很多学习几乎都起始于对社会交往或他人示范行为的观察或模范。因此，社会学习理论非常重视榜样示范的作用，认为"大多数人类行为是通过对榜样的观察而获得的"，这些榜样示范的形式一般包括"语言示范、象征性示范、创造性示范、抑制或延迟示范"。对此，习近平总书记指出："榜样的力量是无穷的。善于抓榜样，让榜样引路和发挥示范作用……"新时代大学生思想政治教育方法创新应当充分借鉴社会学习理论中有关榜样示范的教育方式，结合大学生的存在实际，在榜样示范教育过程中注意运用的方式方法并做出有针对性的改进与创新。在新时代，对于大学生而言，榜样从未消失而是在大学生的学习、生活中不断涌现，榜样示范法依然能够找到新鲜宣讲素材；在新时代，大学生的思想行为发展面临着诸多新情况新问题，大学校园内也涌现了不少引领时代新风尚、新潮流的先进性榜样，榜样示范法运用这些新素材进行"正本清源"完全大有可为且很有必要。因此，在新时代开展大学生思想政治教育，必须搭建好榜样示范平台。

3. 对价值澄清理论的借鉴

价值澄清理论是美国学者拉斯（Raths）等人提出来的，他们认为传统道德教育出现教育效果不佳的原因在于传统道德教育方式让教育对象失去了自由选择、审慎思考的空间。因为传统道德教育强调正面教育，在教育内容的选择上通常选择官方认为"正确的"那些价值观内容，并采取灌输的方式直接开展说服性教育，这种教育模式只需要让教育对象知道哪些是对的并要求掌握就行了。这种价值观教育方式由于是通过外力直接作用于教育对象的头脑而非其自主选择的结果，往往容易给人一种"只知其然而不知其所以然"的感觉，教育效果不佳是可想而知的。加之社会变化的急剧性及社会存在的多样性，教育对象周边人群的多元化价值取向又在一定程度上消解弱化了传统道德教育效果。对此，为帮助人们树立正确的且牢固的价值观念，拉斯等人认为最关键的是要帮助教育对象掌握价值澄清的方式方法——选择、珍视和行动，使其在自我辨别、自我评判的思考过程中做出符合自我发展需求的最佳选择。可见，价值澄清理论十分强调个体内部机制对于个人价值观形成所产生的重要作用，而对教育者的价值观教育引导作用则较为忽视，充分信任教育对象的"自学成才"能力。对于大学生而言，虽然他们的主体性意识日益增强，能够比较理性地看待事物，但由于他们正处于思想发展的关键期以及社会经历和工作经验等方面存在不足，他们在看待某些问题时不够全面、深入，容易受到不良思想价值观念的蛊惑与侵蚀。对此，我们对价值澄清理论及其具有的方法论意义，应当一分为二地看待，在教育过程中要坚持教育者对教育内容传授的主导性，同时也要根据教育对象思想信息接收的理性化特点对教育内容进行价值澄清，进而引导教育对象树立正确的思想价值观念，这对于新时代大学生思想政治教育方法创新具有重要借鉴意义。

在新时代，随着我国对外开放格局的日益全面化，各种外国社会文化或社会思潮纷纷涌入国内，我国社会意识形态呈多样化、复杂化发展趋势。"意识形态决定文化前进方向和发展道路……社会主义核心价值观是当代中国精神的集中体现，凝结着全国人民共同的价值追求"，必须加强社会主义核心价值观的引领作用，通过不断强化社会主义意识形态的主导力，引领社会思潮的正确前进方向，将广大人民群众最大范围地凝聚团结在中国特色社会主义伟大旗帜下。"由于社会思潮的滋生和传播，沿着少数知识分子群体—青年大学生群体—社会民众这个顺序进行，所以，社会思潮往往是在高校师生中形成和传播的"，如果不做好大学生思想政治教育工作，任由错误思潮肆意传播，势必酿成不可估计的损失。因此，在多元文化背景下无论是着力于当下还是未来，加强思想政治教育以增强大学生对错误思潮影响的免疫力，是一项既有必要又势在必行的长期工作，明确了运用价值澄清教育方式的目的。将价值澄清教育方式运用于大学生思想政治教育，教育者在教育工作中就应当重点突出对社会思潮发展趋势的掌握和全面性研究社会思潮。

其一，掌握社会思潮的发展趋势。社会思潮的产生来源于现实生活，是对一定社会发展过程中各大利益群体间矛盾关系的反映，这是社会思潮"星火"形成、发展的客观现实依据，以此为线索预测"星星之火"的燎原之势，进而也就掌握了一定社会思潮的未来发展走向。教育者应通过掌握社会思潮的发展趋势，运用价值澄清教育方式使大学生对一定社会思潮的发展前景具有一个深入的了解，帮助大学生对一定社会思潮的未来潜在利弊影响形成一个前瞻性研判，进而做出正确的价值观选择。大学生思想政治教育运用价值澄清教育方式抵制错误思潮影响时，应当首先去研究并掌握其未来发展趋势，始终将工作做在前头，以战略的眼光看问题，牢牢掌握思想政治工作的主动权，尽可能地将错误思潮对大学生的负面影响控制在最低限度甚至扼杀在酝酿的摇篮里。

其二，展开对社会思潮的全面性研究。实践是认识的目的，开展实践要以认识实践对象为前提，否则实践就无从下手；同理，思想政治教育者要想通过价值澄清教育方式引领社会思潮的发展方向，首先就要对社会思潮具有一个深入的认识与了解，主要包括一定社会思潮的主要内容、本质特点、表现形式、发展规律和影响作用等方面，由此才能增强引领的实际效果。由于社会思潮并非全都是落后的、腐朽的，无论是国外的社会思潮还是国内的社会思潮，都有其先进的、可取的一面。因此，大学生思想政治教育者运用价值澄清教育方式引领社会思潮时，应当以批判的态度，对社会思潮的优秀内涵进行合理吸收以丰富和完善社会主义意识形态内容；对社会思潮的糟粕沉渣予以理性批判，揭露其偏颇、歪曲或反动的伪科学面目，使大学生在深刻认识到一定社会思潮的精神实质的同时，领略马克思主义科学论证的高贵理论品质。

（二）借鉴国外大学生思想政治教育的实践经验

自阶级社会产生以来，思想政治教育作为统治阶级的意识形态工具，对其的普遍运用就一直存在，并积累了丰富的实践经验，尤其是西方发达国家的现代化发展历程，其表明思想政治教育在应对各种思想冲突、培养新型人才方面发挥着重要作用。研究和借鉴西方国家的大学生思想政治教育实践经验，对于促进新时代大学生思想政治教育及其方法的创新性发展具有重要意义。

1. 借鉴西方国家的课程思政育人经验

对大学生开展思想政治教育，西方国家一直都很重视。部分大学除了开设专门的思想政治教育课程（如美国的公民学课程），还注重挖掘人文社科教育课程和专业教育课程的思想政治教育功能，以一种综合教育的方式增强思想政治教育的影响力和实效性。这种教育方式对于我国大学生思想政治教育及其方法的创新具有重要借鉴意义。对此，习近平总书记 2018 年 9 月 10 日在全国教育大会上指出"要把立德树人融入思想道德教育、文化知识教育、社会实践教育各环节，贯穿基础教育、职业教育、高等教育各领域"，不断提升大学生的思想道德素质和科学文化素质，从而培育出德智体美劳全面发展的社会主义建设者与接班人。这是党和国家兴办教育的初衷使命，为新时代教育事业的发展明确了目标、提出了要求。要提升大学生的全面素质、塑造大学生的健全人格和促进大学生的全面发展，仅靠思想政治理论课教育是不行的，还需借助其他方面教育的育人力量，挖掘其他课程和教学方式中所隐含的思想政治教育资源，通过两者的有效结合，充分发挥同向育人合力，共同服务于促进大学生全面发展的育人目标实现。

2. 借鉴西方国家的教育社会化经验

大众传媒在美国被称为"第四权力"，可见其在信息传播上的影响力之广、之深，在促进社会发展中享有重要地位。西方国家非常注重对大众传媒的信息传播优势的运用，将其作为思想政治教育社会化的主要途径，使思想政治教育内容信息的传播扩大了范围，增强了时效，提高了频率，进而提升了思想政治教育的工作效率和作用效果。对此，我国大学生思想政治教育者应当充分借鉴大众传媒在思想政治教育社会化中的经验，注重开发大众传媒对于开展大学生思想政治教育所具有的功能作用，并随着时代的发展变迁，与时俱进地创新大众传媒的运用手段或方式。

近年来，随着信息网络技术的快速发展，"社交媒体被越来越多地使用，使个人能够更多地获得书籍之外的全球信息"，尤其是微传播方式对人们的学习、生活和工作方式产生了深刻的影响，"全方位、立体化展示传播内容的全媒体日益成为当今时代媒体发展的趋势"。在全媒体时代，随着媒体融合发展的不断推进，"出现了全程媒体、全息媒体、全员媒体、全效媒体，信息无所不在、无所不及、无人不用，导致舆论生态、媒体格局、传播方式发生了深刻变化"。在舆论生态上，新兴媒体由于议题设置的广泛性及平等互动的即时性，大量社会热点问题在网民的助推作用下持续发酵并扩散化，其作用范围和影响力度大大超过了传统媒体的传播效应，这极大地增加了网上舆论的引导难度；在媒体格局上，新兴媒体由于具有诸多优势特点吸引了大量受众群体的参与及使用，尤其是大学生群体已成为新兴媒体的忠实受众，而传统媒体则遭遇受众群体大量减少的尴尬境地，人们往往倾向于选择新兴媒体作为信息获取的主要渠道，传统媒体在信息传播的市场份额中比例不断降低；在传播方式上，传统的纸质类单向传播方式已不受受众欢迎，人们往往倾向于选择新兴的微传播方式进行双向沟通交流。在此背景下，为加强大学生思想政治教育，深入贯彻落实习近平新时代中国特色社会主义思想的入脑入心入行，应在正确引导网上社会舆论发展方向的同时，帮助大学生树立正确的世界观、人生观和价值观，加快推进媒体融合发展不断走向深入，"通过传播手段和传播方式创新"，做大做强主流舆论，使党的声音传播得更响、更广和更深。

3. 借鉴西方国家的隐性教育经验

西方国家在开展思想政治教育时，除了强调开展正面教育，如开设思想政治教育相关课程，在实际操作中更多地强调对隐性教育方式的运用，尤其通过营造良好的生活环境，使教育对象在所处生活环境和文化氛围中去无意识地感知和体会，在润物细无声的生活情境中潜移默化地影响其心灵的净化和思想的转化，循序渐进地达到教育目的。这种通过营造良好的生活环境以达到教书育人目的的教育方式，很值得我国大学生思想政治教育者借鉴，这不仅对教育对象个人而且对其所有家庭成员的思想行为发展，都有着重要教育意义。

由于家庭是大学生待的时间最长的地方；学校是大学生学习、生活活动范围最稳定的地方，相对社会文化环境而言，家庭文化环境和校园文化环境对大学生的思想行为发展所产生的影响最持久和最深远。优化大学生思想政治教育文化环境应重点以这两方面为突破口和着力点。

第三节　学科视野下探索大学生思想政治教育方法创新

在学科视野下合理借鉴其他相关学科的有益理论与方法以促进大学生思想政治教育方法的创新性发展，这既是学科综合化发展趋势的必然要求，也是促进思想政治教育学科科学化发展的内在需要。

一、学科视野下大学生思想政治教育方法创新的必要性

根据马克思主义哲学关于联系的观点可知，任何事物都是在相互联系、相互影响的过程中共同向前推进发展的。这一理论原理科学诠释了大学生思想政治教育方法存在与发展的基本状况，指明了大学生思想政治教育方法决不能孤立、片面地离开借鉴去谈创新，而是要在相互借鉴中实现融合性发展。也就是说，方法创新的视界不仅要投掷于国内大学生思想政治教育及其方法本身，更要在转向于研究对国外大学生思想政治教育理论与实践的借鉴时，注重对与思想政治教育相关其他学科的专业理论和教育方法的学习与借鉴，将其所运用的方法以及理论所体现的方法论意义与大学生思想政治教育相结合，进而转化为大学生思想政治教育自身的方法。如运用社会学的社会调查法和传播学的信息传播原理就是很好的例子，在取其精华、去其糟粕的借鉴过程中促进大学生思想政治教育方法的创新性发展。

随着社会分工的日益细化，社会中各种关系相互交织叠加，人与社会发展过程中出现的问题也变得多样化、复杂化，在此背景下单靠某一学科知识来解决特定问题的应对模式日渐显得力不从心，各学科之间的发展关系呈现出既高度分化又高度综合的融合发展趋势，当前兴起的跨学科研究及成立的跨学科性学科就是最好的说明。思想政治教育学自成立以来，经过三十多年的努力发展，学科理论

体系建设日臻完善，但相较其他老牌学科（如政治学）而言，由于发展时间不是很长，在学科建设上还有不足之处，作为思想政治教育学科重要组成部分的思想政治教育方法，自然也面临着这些情况。而思想政治教育及其方法所研究的不少问题，一些相关学科对其某些方面的研究早就开始并已取得一定的研究成果。对此，为更好更快地促进思想政治教育方法理论体系与实践操作的高质量发展，思想政治教育方法应当积极从借鉴学习其他相关学科的理论知识中汲取养料，这对充实和丰富思想政治教育方法及其创新性发展具有重要意义。

总之，借鉴是大学生思想政治教育方法创新的基本方式之一，借鉴是手段、实效是根本、融合是方向，唯如此，才能真正达到方法创新的目的。这就要求在借鉴相关学科的理论知识时，思想政治教育决不能简单复制、照搬移植，而是要根据大学生思想政治教育方法在运用过程中存在的问题、大学生的思想行为特点与问题，尤其是那些新近出现的新情况新问题，进行有选择的针对性借鉴，将学科借鉴同大学生思想政治教育方法存在问题的解决及其发展需求相结合，防止"水土不服"的现象出现。

二、学科视野下大学生思想政治教育方法创新的主要内容

与思想政治教育相关的学科有很多，借鉴相关学科理论知识的目的在于提高教育效果以及满足人与社会的发展需求。对此，从牢牢掌握意识形态领导权、推进国家治理体系和治理能力现代化以及培育德智体美劳全面发展的社会主义建设者和接班人的角度出发，这里主要研究对政治学的社会协商对话理论、心理学的强化理论和美学的审美教育方式的借鉴。

（一）借鉴政治学的社会协商对话理论

社会协商对话是表现我国社会主义协商民主的重要形式之一，充分体现了"有事好商量，众人的事情由众人商量"的人民民主真谛。从狭义上讲，社会协商对话指"围绕当前公众共同关心的重大社会问题，由党政机构代表与有关的公众群体或团体进行平等、直接、有效的沟通、协商和对话，并就最终问题的解决达成共识，以消除政府和相关社会群体的误解和对立局面"，强调对话双方在沟通交流过程中通过上情下达或下情上达的方式，协商解决好相关问题。可见，对社会协商对话的运用，有助于利益冲突和社会矛盾的妥善解决，这对于高校思想政治教育对与大学生相关的冲突矛盾的解决具有重要借鉴意义。协商对话过程中参与双方的沟通交流，既使大学生的个体性或群体性意见得以表达，又使大学生在对话过程中加深了对一定社会事物乃至社会发展的认识。在冲突调解工作中创新协

商对话的运用，不仅有助于维护大学生的个人利益，还有利于培养大学生的参与意识和参与能力。

1. 大学生参与协商对话的主要形式

协商对话"其本身并不是目的，而是通过采取对话和信息公开的方式，借助面对面交流方式和借助大众传媒等公共话语平台这些载体，进行协商参与，以解决社会事务及其引发的社会矛盾"。根据概念可知，在互联网时代背景下大学生参与协商对话主要运用"面对面交流"和"大众传媒载体"进行开展，与之相应，在参与的形式上也主要有直接面对面对话的形式和远程对话的形式。

其一，直接面对面对话的形式。从协商对话的运行路径上看，直接面对面对话的形式主要指向两个方面：一方面，高校党政机关邀请大学生群体代表或大学生个人于一定时间到高校党政机构指定场所进行正式的或非正式的协商对话；另一方面，高校党政机关的负责人或代表人到学校基层（如学生自习室、学生食堂和学生宿舍等），就特定性问题或不定性问题与大学生群体或个人进行协商对话。这种协商对话形式有利于参与双方就协商主题或其他话题充分交换意见和想法，为协商过程中就某些有争议或有异议的问题进行思想引导或资料收集提供机会和条件，并为问题的解决提出富有建设性的观点，从而促成参与双方达成协商共识。

其二，远程对话的形式。从协商主题确定与否上看，远程对话的形式也主要指向两个方面：一方面，高校党政机构、大学生群体代表或个人通过互联网协商对话平台就某一特定协商主题进行线上沟通交流；另一方面，高校党政机构通过互联网协商对话平台就事关大学生群体或个人方面的问题及其解决意见进行资料收集，而大学生群体或个人则就某些方面的问题及其解决意见进行信息传播以供高校党政机构知悉。这种协商对话形式参与双方不受空间距离限制，可随时随地参与协商对话过程，能够使与一定协商事宜相关的大学生群体代表或个人在参与上尽可能地实现大众化。实现参与主体的大众化是协商对话的内在要求，从而为广大大学生就与自身利益相关方面的诉求表达提供反映渠道。

2. 大学生参与协商对话的渠道

大学生参与协商对话的渠道多种多样，从使用频率上看，有主渠道和分渠道之分。

其一，大学生参与协商对话的主渠道。这种主渠道是指大学生参与协商对话所采取的一般性常规渠道，主要是指专门受理大学生投诉意见的相关管理部门和应对大学生突发事件的应急管理部门。第一，专门受理大学生投诉意见的相关管理部门。高校党政机构中设有不同职能部门，专门负责大学生某一方面的管理需求和服务需求，为满足学生的发展需要，每个职能部门几乎都设有专门受理大学生投诉意见的相应科室，就大学生所反映的相关问题进行及时处理。就反映问题的情节严重程度，这种处理一般有两种方式：对于反映的问题情节不严重的，相应部门往往就直接按照正常工作流程进行一般化处理；对于反映的问题情节比较严重甚至很严重的，相应部门往往就需要与当事人进行协商对话以促成相关问题的妥善解决，以防事态进一步恶化。如大学生对于食堂饭菜有意见的情况，如果此类大学生人数很少，后勤管理部门往往就直接做出有关饭菜供应的相应调整；如果此类大学生人数较多，为避免事件的持续恶化而最终转化为群体性事件，后勤管理部门往往就需要与此类大学生群体的代表通过协商对话的方式，就食堂饭菜供应问题的解决达成共识。第二，应对大学生突发事件的应急管理部门。在大学校园中与学生接触频率较高、对学生思想行为发展动态较为了解的职能部门是学生工作处，由于长期与学生打交道，在处理学生事务方面比较有经验，其往往承担着处理大学生突发事件的应急管理职能。就突发事件的情节严重程度，这种处理一般也有两种方式：如果突发事件的情节不严重，往往采取直接介入的方式，进行常规化处理并做好善后工作；如果突发事件的情节比较严重或很严重，往往就需要采取协商对话的方式来应对，以防事态升级到不可控程度。

其二，大学生参与协商对话的分渠道。这种分渠道是指大学生参与协商对话所采取的特殊性非常规渠道，它往往是在协商对话的一般性常规渠道堵塞不畅或对话效果不大甚至为零的情况下产生。大学生为表达自身意愿和诉求继而自发地采取其他有效渠道。一般有以下三种。第一，熟人关系。由于人的本质"在其现实性上是一切社会关系的总和"，大学生的思想行为发展一定会受到一定社会关系的影响，现实中某些大学生在遇到问题时，往往优先考虑的是通过"熟人"的关系网来协商解决问题。在这些大学生看来，有时凭借"熟人"的关系来办事，显得更可靠、更有效和更有用，如遇事找自己熟悉或关系要好的老师、辅导员。第二，上访。之所以某些大学生在遇到问题时选择直接上访分管该工作的大领导而非下级领导，一定程度上是源于向大领导反映问题容易引起大领导的重视和关注，有助于增强协商解决问题的时效和成效；而下级领导作为致使上访性问题产生的当事人或相关者，对其具有一定的不信任心理。第三，网络曝光。运用互联网平台（如网络论坛、贴吧和微博等），将自己倾诉无门的意愿和诉求以网络传播的形式曝光出来，通过发动舆论攻势、施加舆论压力的方式，促成相关部门就"曝光问题"与当事人通过协商对话来解决。

3. 大学生参与协商对话的主要方法

作为一种双向沟通的交流工具，对协商对话的运用需要讲究一定方法才能取得良好成效，这些方法一般主要包括访问对话法、座谈对话法和随机对话法。

（二）借鉴心理学的强化理论

斯金纳 (Skinner) 的行为主义理论认为"人类的发展方向取决于外部刺激（强化物和惩罚物），而不是诸如本能、驱力或生物成熟等内部力量"。这种"外部刺激"就是行为者根据社会对行为后果的褒贬性或奖惩性评价而间接做出（下一步）行为选择的反应，也就是，行为者对得到社会或他人认同、褒扬或奖励的行为通常会继续保持，而对遭到排斥、贬抑或惩罚的行为通常会及时矫正。该理论强调"前期行为的后果对后期行为的影响作用"，在趋利避害心理的作用下通过（正负）强化的手段对人的行为及时进行规范和约束，强化概念由此生成。对此，思想政治教育为促使大学生的良好行为得以保持或不良行为得以矫正，在教育方法上应当借鉴强化理论的方法论意义，通过创造性运用各种支持性或否定性的教育性刺激外因，敦促大学生良好思想行为的养成。由于处在一定社会环境中的人，其思想行为的发展总是受到日常生活中各种外界因素的影响与制约，尤其是大众传播的影响，这决定了人的思想与行为的形成不可避免地具有反复性特点。对此，在大学生思想政治教育中强化教育应当重点运用在马列主义教育和日常思想政治教育工作等方面。

1. 运用强化教育于大众传播

大众传播是运用报纸、杂志、电视、广播等媒介将各方面的社会信息传播到人民群众的头脑中为其所了解和知悉的一种社会现象。而使人民群众能够获悉一定社会信息，只是大众传播的一般目的。从促进人与社会全面发展的角度上看，运用大众传播的主要目的在于通过各种积极的、正面的社会信息传播，让人民群众在接收传播信息的同时，能够实现由"接收"向"接受"的转变，也就是，将传播信息所蕴含的思想价值观念内化为自身认知结构的一部分，并外化到相应的实际行动中，逐步形成良好的思想观念和行为方式。由于大众传播的内容具有广泛性和公开性，各种积极或消极的社会信息经过大众媒介的传播几乎都会一目了然地呈现在广大受众的脑海意识中。积极的社会信息有助于促进广大受众良好思想行为的发展和良好社会风气的营造；反之，则会导致错误思想的形成和行为失范效应的生成，使消极社会信息成为酿造社会不稳定、不和谐局面的诱导因子。

2. 运用强化教育于马列主义教育

马列主义教育的根本目的是通过教育的手段实现乃至增强教育对象对马克思主义信仰的认同感和归属感，进而提升马克思主义政党对教育对象乃至整个社会成员的凝聚力，为马克思主义政党执政地位的确立与巩固奠定坚实的群众基础和法理基础，进而彰显马克思主义政党执政地位的人民性和合法性。对此，邓小平指出"马列主义的宣传和政治教育必须加强，错误思想必须批判，'毒草'必须锄掉"，通过强化传播马克思主义理论和党的路线方针政策，提升马列主义教育内容传播应对各种不良思想信息干扰或侵蚀的"免疫力"，从而不断巩固中国共产党执政地位的群众基础和法理基础，增强人民群众对中国共产党领导的社会主义现代化建设事业终将取得成功的信心力量。由此，对马列主义教育可做三个层面的理解：第一，从理论上看，马列主义教育主要是指对大学生进行马克思主义理论及其中国化理论发展成果的教育，使其明了中国共产党的远大理想和共同理想及其相互关系，从而自觉树立正确的人生理想和奋斗目标；第二，从政策上看，马列主义教育主要是指就中国共产党的路线方针政策对大学生进行宣传性教育，使其明确中国共产党的治国理政理念和国家发展战略规划布局，从而自觉实现将个人发展目标与社会发展目标有机统一起来；第三，从实践上看，马列主义教育主要是指就中国共产党党员的先进个人事迹对大学生进行示范性教育，使其在思想上和行为上自觉接受中国共产党人高风亮节的人格魅力、勇往直前的奋斗精神和开拓进取的拼搏意志等，从而在社会实践中坚持以高标准、高要求的行为规范来严格约束自己。

3. 运用强化教育于日常思想政治教育工作

日常思想政治教育工作是一定社会、群体或个人根据人与社会全面发展要求，运用一定思想观点和道德规范对社会成员施加影响，以期社会成员在思想、行为和心理等方面的发展能够更好地适应和融入日常社会生活的一种实践活动。日常思想政治教育工作主要包括两方面内容：一是关于思想道德方面的教育工作，二是关于心理健康方面的教育（疏导）工作。其中，在思想道德方面，不仅包括政治思想的教育，还包括法治思想、道德思想和人生观、婚恋观、义利观、人际观和劳动就业观等价值观思想的教育。日常思想政治教育工作的目的在于通过这两方面的教育工作使社会成员展现一种活泼开朗的精神面貌，表现为在思想上积极向上、在心理上健康乐观和在行为上规范自律。这样的精神面貌无疑能为人的个体价值利益诉求的实现在方向上和动力上保驾护航。

（三）借鉴美学的审美教育方式

2018 年 8 月 30 日，习近平总书记在给中央美术学院老教授的回信中表示"做好美育工作，要坚持立德树人，扎根时代生活，遵循美育特点，弘扬中华美育精神，让祖国青年一代身心都健康成长"，充分肯定了美育在净化人的品格、陶冶人的情操和净化人的心灵方面发挥着不可替代的作用，对于促进人的全面发展具有重要意义。对此，大学生思想政治教育者应当充分借鉴审美教育的工作形式或模式，切实以审美教育方式促进教育方法的创新性发展。而审美教育主要是以承载一定教育内容信息的"美好事物"（如文艺作品）为载体，通过营造生动活泼的教育氛围，促使大学生积极参与到感染教育过程之中，达到以悦育人、以美感人和以情动人的教育效果，进而促进教育目的的实现。因此，将审美教育方式运用于大学生思想政治教育，应当主要把握好以下四个方面。

1. 以悦育人是前提

愉悦是一种积极情绪体验的结果，愉悦的情感能够减轻或消除人的精神焦虑、净化人的美好心灵、陶冶人的道德情操和激发人的创造活力，获取这些积极力量成为人们不断追求愉悦式积极情绪体验的内在需求。从性质上看，"美育作为一种愉悦性的感情活动"，往往决定了人们接受其潜移默化影响的意愿强烈与否。将审美教育方式运用于大学生思想政治教育过程，营造生动活泼、欢快愉悦的教育氛围，能够促使大学生在主观意愿上不自觉地主动接受教育内容。美以自由为指向，将审美教育方式运用于大学生思想政治教育过程，就是要帮助大学生在享受精神愉悦的情况下不断追求和实现个性解放，促进大学生的自由全面发展。

一切教育工作的开展都要以抓住倾听对象为前提，也就是尽可能地吸引教育对象积极参与到教育过程中来。虽然思想政治教育不可能像专业美学课程教育那样将整个教育过程打造得极富生动性和愉悦性，但合理借鉴美育工作形式或模式以使教育对象精神愉悦具有现实的可能性和可行性。

由于当代大学生朝气蓬勃、好学上进、视野宽广、开放自信、勇于表现自我，教育者完全可以凭借教育对象的这些思想行为特点，根据思想政治教育要求有针对性地组织相关主题性文艺活动、设计丰富的活动内容和具体的实施方案，为大学生展现自我提供一个活动平台。对于活动参与者来说，有助于发挥参与者的聪明才智，进而激发参与者的创新创造能力，使其在参与过程中收获成功的喜悦情感；对于活动观看者来说，在欣赏生动活泼、激情四射的文艺表演作品过程中，在精神上能获得愉悦情感。这种实践教育活动，无论是对于参与者还是观看者而言，在增强他们对美的认识的同时，在文艺表演作品的感染下他们也潜移默化地接受了所传达的教育内容信息。

2. 以美感人是基础

正如黑格尔所言"美只能在形象中见出，因为只有形象才是外在的显现"，任何事物的美通过鲜活生动的外在形象能为人的感官器官所感觉、知觉，进而影响并作用于人的情感、心灵和行为，丰富人的精神世界。形象教育方法是美育的重要方法，通过鲜活生动的直观形象往往能够引起人的心灵震撼、陶冶人的道德情操、启迪人的创造智慧，从而达到感染人、教育人的目的。教育者由于长期受到传统教育理念的影响，在新时代人本教育理念的指导下仍有部分教育者未能摆脱传统单向性灌输教育模式的束缚，在推进双向性互动教育模式的实际效果上还不尽如人意，其中的一个重要原因就是教育内容的表达方式缺乏美的形象，致使教育内容的传播难以感染到教育对象的思想情感。大学生思想政治教育以马克思主义理论与党和国家的重要方针政策等为主要教育内容，虽然这些教育内容来源于现实，但它是在马克思主义的指导下形成的科学理论，具有较强的理论抽象性和逻辑推理性，对大学生的理论功底具有一定要求。如果教育者一味地运用概念性的思维方式开展教育，易致使教育产生厌倦的感觉，更谈不上对教育内容的接受与内化。人是感性兼有理性的动物，"要使感性的人成为理性的人，除了首先使他成为审美的人，别无其他途径"，如果将概念性的思维方式与美育的形象教育方法相结合来开展教育，将枯燥的教育内容以直观形象的方式呈现在大学生面前，能给人耳目一新的感觉，有助于大学生认识和理解教育内容，进而达到接受教育的目的。

对此，大学生思想政治教育要实现以美育人、以美化人的目的，教育者要学会善于从各类文本知识和现实社会生活中去寻找和挖掘具有美感形象的教育素材，使其在与教育内容的相辅相促过程中达到育人目的。由于性质的不同，美具有"外在美和内在美两个方面：内在美包括人生观、理想、修养等，需要通过外在的行为、语言、风度等形象表现出来；外在美主要是形式的美，它外显着内在美，但又具有独立性"。据此，对美感形象教育素材的寻找与挖掘，也可分为两个方面。

其一，在内在美方面对美感形象教育素材的寻找与挖掘。根据教育内容要求，从各种文本知识中寻找和挖掘能够体现有关人生价值观、理想信念、道德修养和人格魅力等方面的教育材料，如通过大学生喜爱的小说，引导大学生运用模仿的方法去体会内在美在小说情境描绘中的作用过程；通过名人志士创作的诗词，引导大学生运用想象的方法去感悟内在美在诗词情境勾勒中的价值意义，使大学生在精神上得到洗礼、在思想上得到升华和在心灵上得到净化。

其二，在外在美方面对美感形象教育素材的寻找与挖掘。根据教育内容要求，从现实社会生活中去寻找具有外显美感的事物，在此基础上深入挖掘美感事物的内在美，由此，外显美感的事物就具有了教育的意义。如通过描绘农村中的人、事、物，勾勒一幅和谐美满的幸福画面，在教育者的引导下帮助大学生领略改革开放所带来的伟大成就，进而激发大学生的爱党爱国之情。

3. 以情动人是关键

美育作为一种情感教育，其目的在于通过以美化人的方式将美所寄托的超脱情感渐变为人的稳定情感心理，将此作为认识美、评价美和创造美的标准或依据，进而升华人的精神境界。因此，在美育过程中实现以悦育人，通过享受美所带来的愉悦情感体验，为教育对象主动接受美育的影响提供了现实可能性，是美育开展的重要前提；实现以美感人，通过生动形象的美感教育触动人的情感末梢，为教育对象进一步接受美育的影响创造了丰富的条件，是美育开展的重要基础；实现以情动人，通过不断的情感体验和情绪感染，形成了教育对象的审美认知和审美评价，在引起了教育对象对美的情感共鸣的基础上，进而引发了教育对象对美的人生价值指向的思想共通，升华了教育对象的精神境界，这是美育开展的关键所在。美育通过美感的传达，"使感官的生理愉悦经内省转为精神愉悦，得以深化，经形式化而摆脱功利羁绊，得以净化。更重要的是它受审美理想的范导，能进入对宇宙人生价值意义的体验，升华为超越感"。从这个角度看，审美情感的开展并非以凡尘俗世的功利性为指向，而是在以情动人烘托的情感共鸣基础上以人生意义的超脱性为指向。

4. 提升教育者的审美素养是保障

思想政治教育是一种实践活动，但这种活动的开展并不是盲目的、随心所欲的，而是在教育者的组织领导下进行的以服务于一定社会发展要求为目标指向的特殊实践活动，教育者综合素质的高低在很大程度上决定着一定思想政治教育活动的成效的好坏。习近平总书记在学校思想政治理论课教师座谈会上指出："办好思想政治理论课关键在教师，关键在发挥教师的积极性、主动性、创造性。思政课教师，要给学生心灵埋下真善美的种子，引导学生扣好人生第一粒扣子。"

同理，在新的历史时期，将审美教育方式运用于大学生思想政治教育过程，在教育效果上之所以出现这样或那样的问题，这与教育者自身审美素养的高低有着密切关联，在教育者综合素质（尤其是审美素养）得到提升的情况下，这些问题将能得到一定程度的改善甚至规避，有利于审美教育的功效最大限度地发挥。从增强审美教育的实效性来看，提升教育者的审美素养是审美教育得以有效开展的重要保障。

其一，教育者要注重自身审美能力的提高。美育就是审美教育，在引导受教育者发现美、体验美和认识美的审美过程中增强其判断美、欣赏美和创造美的审美能力，进而使其树立正确的审美观。要增强大学生思想政治教育的实效性，要求教育者不仅要具备扎实的马克思主义理论及思想政治教育相关理论功底，更要学习掌握其他相关学科的理论知识，使教育者在增长知识的过程中"有知识视野、国际视野、历史视野"，通过生动、深入、具体的纵横比较，把一些道理讲明白、讲清楚。对于审美教育方式的有效运用而言，就是要求教育者学习掌握一些有关美学、美育和文学艺术方面的知识，提升自身评价美、创造美的审美能力。只有教育者在明确了"什么是美、为什么美、美在何处和怎么创造美"的前提下，才会寻找到丰富多彩的美育素材，通过美育素材与教育内容相结合，将教育内容以美的形式生动形象地展现在大学生面前，使其在享受愉悦情感体验的同时，接受性情的陶冶和思想的启迪。

其二，教育者要注重自身美感形象的塑造。古人云"爱美之心，人皆有之"，人们都喜欢美好的事物，也愿意将自己美好的一面展现给他人，以获得他人的认同和尊重。之所以要求教育者要注重自身美感形象的塑造，主要有两个方面。首先，出于对人尊重的需要。在人本教育理念的指导下，要求教育工作必须尊重教育对象，若教育对象感觉到自己的主体性未得到尊重，相应的教育效果也往往不好。尊重是相互的，当大学生以光鲜亮丽、举止得体的美感形象走入教育场所；而教育者以一种随意自在的邋遢形象出场，容易给人一种不受尊重、不被重视的感觉，不利于美育工作的有效开展。其次，出于予人感官愉悦体验的需要。由于人的外在形象在一定程度上体现了一个人的精神状态及其所展现的独有精气神儿，在"爱美之心"的驱使下对特定的人形成了正向的或负向的心理评价，这种评价表达了评价者对评价对象的一种情感认同度，进而影响评价者对评价对象所传播内容的接受度。可见，教育者如果能够以美的形象展现在教育对象面前，满足其感官享受愉悦体验的需要，在一定程度上能够增强教育主客体间的情感认同，进而达到增强审美教育效果的目的。

第四节 大数据视野下探索大学生 思想政治教育方法创新

从实践上看，思想政治教育方法不仅作为一种指导实践的知识形态存在着，更表现为一种实实在在的工具形态，伴随实践工具的发展而发展。实践以解决问题为指向，当一定实践工具无法适应于解决新的实践问题时，就要求对实践工具进行改造以适应实践对象的变化、满足新的实践发展需求。在大数据时代大学生的思想行为发展越来越数字化、信息化，为更好地把握大学生的发展现状及其存在的问题，要求思想政治教育者充分运用大数据技术服务于教育过程，推进思想政治教育方法的创新性发展。

一、大数据视野下大学生思想政治教育方法创新的必要性

进入新时代以来，在"互联网＋移动终端"的推动下，尤其是各种自媒体社交软件的开发及运用下，人际的信息交流模式打破了时空界限的束缚，变得更加便捷、高效和常态化，人们的思想与行为通过社交软件的沟通交流形式展现得淋漓尽致；同时，社交软件等网络平台以自动存储的方式详细记录着人们的过往交流信息，信息的储存就是数据的收集、积累的过程。《中国互联网络发展状况统计报告》（第43次）数据显示，当前我国网民规模高达8.29亿，其中手机网民规模高达8.17亿。人们的休闲娱乐、网购、旅游和社交等都离不开对网络的依赖，这就导致记录人们网络行为的各种数据呈井喷增长之势，数据大爆炸时代来临，囊括人与社会各个方面的多样化数据变得日益丰富并愈加复杂化，未来一切社会现象或问题的产生根源几乎都能从中找到源头，采取一定方式方法从纷繁复杂的海量数据中寻找解决方案具有极端重要性。大数据技术的运用，使问题解决方案的制定更具科学性、针对性和合理性，"通过对所采集的巨量的数据库的数据进行相对应的软硬件的分析、处理，以便获得具有巨大价值的产品信息、服务信息或是获取更为深刻的洞见"。这就需要借助大数据技术来挖掘各种数据间关联隐含的内在运用价值，"通过特定的算法对大量的数据进行自动分析，从而揭示数据当中隐藏的规律和趋势"。在大数据时代，为获取发展先机，大数据技术已被运用于社会诸多行业领域，尤其是企业。对于高校来说，随着智慧校园建设的不断推进、大学生使用互联网、自媒体社

交平台的常态化与频繁化，高校大学生思想政治教育领域已显现大数据形态，这为大学生思想政治教育引入大数据技术的运用提供了现实必要性。

二、大数据视野下大学生思想政治教育方法创新的主要内容

思想政治教育过程主要分为教育信息的获取与分析、教育方案的具体实施和教育结果的效果评估等三个阶段，大数据思想政治教育也必须经历这三个阶段。对此，在大数据视野下探索大学生思想政治教育方法创新，就应当主要从教育信息获取方法、教育信息传播方法和教育效果评估方法这三个方面进行探讨。

（一）教育信息获取方法的创新

以前，要了解和掌握大学生思想行为的发展变化情况，往往采取抽样问卷调查法、观察法和访谈法等形式，这些方法的共性在于调查对象的范围始终具有局部性特点，以获取局部样本数据来推导整体发展趋势，如果抽样合理且反馈数据真实，这种研究方法就具有一定科学性；否则就毫无意义，在失真数据基础上搞研究注定失败。鉴于这种研究方法在运用过程中有太多不可控的制约性因素，一旦某个因素控制不好，整个研究过程将面临毁灭性打击的危险。而通过大数据技术来收集教育信息数据，在理论上则能够较为有效地规避这种风险，因为大数据具有全面性特点，运用大数据技术获取教育对象的思想行为信息，其覆盖范围不仅在广度上包括了所有教育对象，而且在深度上包含对每个教育对象在学习生活中各方面信息数据的收集。由于教育对象在网络社会中的思想表达和行为表现几乎是在没有任何外力影响因素作用下自发表露的结果，数据来源的真实性较高，这种信息获取方式所得出的结论也就显然更具全面性和科学性，进而充分凸显了数据的价值。

由于数据只是价值的承载体，数据是否具有使用价值以及由此而决定的价值大小，还有赖于使用者参照某种标准进行权衡考量，"大数据的好坏，主要看数据有无意义，有意义的数据是智慧的并蕴含无穷的价值，而没有意义的数据只能是垃圾"。因此，在大学生思想政治教育中运用大数据技术获取教育对象的思想行为信息，其关键在于能否在海量的数据中获取有效的数据，在此基础上分析各种相关性数据间所隐含的教育价值信息。随着自媒体时代的到来，"人人都在发布资讯，这直接导致很大一部分互联网数据时常是与思想政治教育工作不相关的垃圾数据"，这就要求大学生思想政治教育者在运用大数据技术创新教育信息获取方法时，应当重点在对有效数据信息的获取上着力。

1.控制教育信息的获取"面"

在自媒体时代，大学生既是数据的生产者，又是数据的接收者和传播者，这些数据包含了大学生在校园学习生活中的各个方面，既有结构性数据又有非结构性数据，可以说是包含文字、文档、图片、音频和视频等各种信息类型的大数据集成，这为大数据的分析与处理带来了巨大挑战。为降低大数据处理难度，教育者应当在不影响数据有效性的情况下对大数据进行适当的"瘦身"，以便快速获取教育工作所需的相关教育信息，从而快速掌握大学生的思想行为发展现状。对此，应当适当控制教育信息的获取"面"，主要从以下两个方面入手。

其一，做好日常管理工作中的相关数据收集。思想政治教育者应当注重收集大学生在其日常生活过程中所表现的点点滴滴，比如档案馆提供的大学生人事记录材料，任课老师提供的班上学生上课考勤、发言、违纪和完成课后作业情况，班委干部周期性提交的班上同学自习及学习时长情况，学生会提交的学生宿舍的安全卫生检查情况，每学年学生的"奖助勤贷"评选情况，等等。这些数据在很大程度上都能够客观反映大学生的思想行为发展动态，这些数据在长年累月的叠加基础上将汇聚成一个巨大的数据包，通过大数据技术对这些数据进行可视化分析，有助于教育者准确掌握大学生的思想行为发展特点和规律，这是教育者设计教育内容、选择教育方式的重要依据。

其二，重视智慧校园平台的数据收集。随着信息化技术的日益高端发展，社会发展呈现出的智能化、数字化的趋势已不可扭转，为更好地适应时代发展要求、满足好大学生的发展需要，高校开始了智慧校园的建设工作。开设在线学习平台，使大学生的网络学习变得随时随地；通过开通网上管理服务办公平台，为大学生的校园生活带来了极大便利。智慧校园平台具有自动存储功能，能够原封不动地将大学生在该平台上所留下的一切痕迹保存下来，这些痕迹在很大程度上也能够客观反映大学生在现实学习生活中的思想行为发展动态，如图书馆服务模块提供的学生进出图书馆的次数及时长和图书借阅情况、在线学习平台反馈的学生学习情况、信息服务中心模块提供的大学生用网情况、后勤服务模块提供的学生一卡通消费情况等。相较大学生的全方面大数据而言，这些数据在容量上要小得多，但能够在很大程度上反映大学生思想行为发展动态的真实情况，由于这些数据是覆盖所有大学生的，所以这些数据相较抽样调查而言又具有全面性的特点。

2. 找对教育信息的获取"线"

思想政治教育是根据人与社会的发展要求而将一定教育内容信息传播给受教育者的活动，其教育目的是期盼受教育者的思想行为能够朝着教育目标所要求的方向发生转变。通过大数据技术来获取相关教育信息，一般主要包含教育目标、教育内容和教育对象这三个方面。对此，找对教育信息的获取"线"，应当也包含三条线："关联线"、"引导线"和"轨迹线"。

其一，找对"关联线"。所谓"关联线"，就是根据关联性原则，以与思想政治教育目标的相关性为线索，运用大数据收集技术来获取数据信息。教育目标是思想政治教育工作开展的起始点和落脚点，对整个教育过程的运行具有导向性作用，这就决定了获取与教育目标相关联的数据信息，对于整个教育过程的推进具有重要影响。思想政治教育通过运用大数据的语义检索、信息冲洗和文词关联等技术，从海量的大数据中过滤、筛选出与教育目标相关联的数据信息，并对其通过分析、转化、处理和存储等加工程序，形成一个量化的数据信息库，为随后的教育内容的制定与设计以及教育工作方式的选择提供参考依据。

其二，找对"引导线"。所谓"引导线"，就是官方媒体通过网络渠道传播相关信息或抛出某一讨论话题，根据学生的评论区留言有针对性地加以正面引导，这种正面引导具有思想政治教育性质，以此引导内容为线索，大数据收集技术能够获取体现引导对象思想行为发展动态的数据信息。为引导校园舆论走向、营造良好的校园舆论氛围，高校通常会利用"官网""官微"等网络信息传播平台就大学生关注的社会焦点热点类话题或党和国家主要领导人的相关重要讲话精神进行积极引导和正面阐释，就涉及大学生利益的相关事宜征询大学生意见，等等。运用大数据收集技术分析、转化和处理大学生在评论区的留言及讨论，有助于教育者准确掌握大学生关注什么、在意什么及其程度高低，据此揭示这些数据信息背后所隐含的某种价值取向，增强教育工作的针对性。

其三，找对"轨迹线"。所谓"轨迹线"，就是以大学生在常用网络平台中所留下的行为轨迹为线索，运用大数据定位技术对其经常性网络行为进行数据信息收集。由于网络平台的可溯性功能，大学生在使用任一网络平台后都会留下 IP 地址的访问痕迹，收集这些数据信息能够集中体现大学生的思想行为发展动态，相较全时段、全方位地收集大学生各方面的网络行为数据信息而言，降低了数据处理难度且不失数据的价值性。"大数据分析逻辑认为，每一种非常规的变化发生前一定会有征兆，如果找到了征兆与变化之间的规律，就可以进行预测"，虽然大学生访问非常用网络平台可能在某些方面会触发其思想行为的变动，但这种变动在后续的常用网络平台使用中往往也会在一定程度上体现出来，这就需要教育者充分运用大数据处理技术对数据信息间的相关性进行深入分析，进而发现相关数据的可用教育价值。

3. 抓准教育信息的获取"点"

思想政治教育以教育对象为中心、以人的思想行为为作用对象，这就决定了抓准教育信息的获取"点"应当同教育对象的思想行为紧密相关。这个"点"一般包括三个方面：兴趣爱好点、活跃时间点和特殊敏感点。

其一，抓准兴趣爱好点。根据对大学生的了解，教育者往往都能够大概知悉大学生在一定时间段内的兴趣爱好特点，据此通过大数据检索技术的不断试错过程，收集和整理有关大学生兴趣爱好表现内容的数据信息，进而及时调整教育工作方式，不断吸引大学生积极参与到教育过程中来。而事实也表明，只有采取令大学生喜闻乐见的教育内容和教育方式，才能更好地使教育过程引起大学生的思想情感共鸣，促成大学生对教育要求的思想认同。

其二，抓准活跃时间点。所谓活跃时间点，就是指一天当中大学生用网频率最高的时间节点。在活跃时间点内，大学生的各种网络行为表现最为密集，既有思想上的交流，又有行为上的操作，能够集中代表大学生的每天用网情况。相较非活跃时间点而言，活跃时间点的大学生网络行为具有连续性，通过大数据收集技术来获取这些数据信息，既方便了数据的收集，又方便了数据的分析和处理。

其三，抓准特殊敏感点。所谓特殊敏感点，就是指容易引起大学生思想行为震荡的相关事件。如"许多学生在失恋、挂科时，网络和搜索引擎经常会成为他们倾诉、发泄和寻求帮助的地方"，教育者应当在开学之初或邻近期末时重点关注此类个别性事件，通过大数据比对技术发现思想波动较大的学生，并运用大数据实时收集技术对其各种网络行为进行获取、分析和处理，挖掘导致思想波动大的根源，预测其发展趋势，进而采取及时的思想疏导和心理干预，防止事态发展进一步恶化甚至酿成恶果，促进大学生的健康发展。

（二）教育信息传播方法的创新

从教育形式上看，教育信息的传播有群体性教育和个体性教育之分；从教育环境上看，教育信息的传播有网络思想政治教育与现实思想政治教育之分。根据大数据技术的实时性、精准性和相关性特点，研究教育信息传播方法的创新，主要从群体性教育、个性化教育和网络思想政治教育等方面展开论述。

1.群体性教育方式的创新

由于中国人口基数大，随着素质教育的不断推进，我国大学生数量越来越多，导致某些方面教育资源的运用较为紧张。就大学生思想政治教育而言，由于教育对象众多而教育工作者的数量有限，思想政治理论课教学过程中几个班级学生共同上课的现象屡见不鲜。在信息化时代以前，这种群体性教育方式对传播马克思主义理论及其中国化发展成果、引导大学生的思想行为朝着正确方向发展，发挥了非常重要的作用。因为教育信息获取渠道较为单一，教育者在获取教育资源方面享有着得天独厚的优势，而教育对象则往往只能依靠教育者的知识传授来获取相关信息、满足自身发展需求；信息化时代的到来，网络信息的海量性、开放性和交互性，极大地冲击了教育者获取教育资源的主导地位，教育对象能够通过各种网络途径了解和获取相关信息，对教育者的依赖度严重下降。在此背景下，随着大学生的主体性意识日渐增强，传统那种"老师说—学生听"的群体性教育方式受到了极大挑战，迫切需要根据时代的发展条件和发展要求做出与时俱进的创新性发展，以不断满足教育工作需要和大学生的发展需求。在大数据时代，这种群体性教育方式至少应当做好以下两方面。

其一，凭借大数据技术丰富教学方式。正如一位学者所说"利用成熟的网络技术搭载思想政治教育资源，是延伸高校思想政治教育有效的方法"，随着"互联网＋教育"的持续推进，网络中出现了大量在线开放课程教育平台，如慕课、好大学在线、学堂在线和顶你学堂等。教育者应当充分运用大数据技术去搜索一些教育对象参与多、评论好的在线教育平台及其相关讲课视频，并将其推荐给学生开展在线自主学习，或者对搜索的讲课视频进行部分切割，选取能够引起学生共鸣、为学生所喜爱的相关教学视频片段，根据教学需求，将由大数据技术整合的这部分教育资源搭载进现实教育课堂当中来，进而达到丰富教学方式的良好效果。

其二，凭借大数据技术加强教学互动。良好的互动是信息得以充分交流的前提，不仅有助于困惑性认识得到有效解决，还有助于增强互动双方的情感认同。而事实上，教学实践效果也说明了这一点，相较灌输式教学，互动式教学往往更能增强教育对象对教育者的亲近感、对教育内容的认同度，同时也增强了教育过程的针对性和实效性。而大数据技术作为一种新的工具手段，将其运用于思想政治教育过程，为教育主客体的良性互动搭建了沟通桥梁，这种教育意义凸显了大数据技术所潜藏的教育方法运用价值。因为大学生在运用诸如微信、QQ、抖音等自媒体平台和淘宝、美团、京东等购物平台时，都会留下网络痕迹并被实时记录下来，这些数据信息真实反映了他们的网络活动范围和活动内容，能够真实地反映他们的发展需求、兴趣爱好和价值取向。教育者凭借大数据技术的运用，能够有效快速捕捉到教育对象的网络活动轨迹线路，通过对数据信息的分析和整理，挖掘出他们的需求点、兴趣点和关注点。据此，教育者应当就相关方面的问题有针对性地同大学生进行互动交流，使其在教学互动过程中加深对交流问题的认识，并不自觉地接受、内化教育内容。

2. 个性化教育方式的创新

由于各种复杂因素的影响，人与人之间的差异很大，从这个角度看，所谓个性化教育方式强调的是差异性教育，根据不同人的各自特点、需求有针对性地开展教育。在信息化时代以前，在教育客体多而教育主体少的矛盾影响下，缺乏开展个性化教育的资源和条件；而随着信息化时代的到来，尤其是大数据技术的出现及运用，开展个性化教育具有了现实可能性。开展个性化教育的关键，在于能否准确掌握大学生个人的全方面数据信息并科学预测其未来发展趋势，而大数据技术就具备这种功能。将大数据技术运用于大学生思想政治教育，有利于促进个性化教育方式的创新性发展，主要表现在以下三方面。

其一，个性化预防教育。在舍恩伯格看来，"大数据的核心就是预测"，通过云计算技术对全面抓取的海量数据进行数理性分析，进而科学推算出某一事件的发生概率，这种预测功能是大数据的根本价值所在。教育者在通过大数据收集技术获取教育对象的全方面数据信息基础上，运用大数据检索技术和对比技术，对大数据中出现的高频次字词和大波动数据进行整理和分析，同时全面调查和了解大学生在校园环境内的学习表现、人际关系、生活态度、价值取向和日常行为等各方面情况并转化为量化数据，在掌握大学生思想行为发展动态的基础上分析其思想行为发展变化规律，运用大数据技术预测其未来发展趋势以及可能出现的一些问题。这为预防教育的提前介入创造了条件，在赢得教育先机的情况下开展预防教育，有助于将可能出现的问题扼杀在萌芽状态。虽然大数据技术不能预测到某一问题一定会发生，但它通过科学的数学算法能够给教育者提供一个问题发生的概率参考值，这为教育者精心设计预防教育方案赢得了时间，不至于因问题的突然出现而显得不知所措。

其二，个性化自我教育。自我教育是大学生成长成才的一种重要教育方式，其中自我学习构成了自我教育的重要内容。在传统思想政治教育中，为促进大学生的自我提升，教育者通常会推荐一些书目给学生自学，以不断丰富其知识面。但由于不同大学生的发展需求各有不同，这种普适性的自我教育辅导方式往往使部分大学生的发展需求得不到满足,而在大数据时代则能够很好地解决这一问题。教育者通过大数据技术的运用,往往能够精确地找准不同大学生的各自需求点,在此基础上既可以向其推荐相应的课外书目供其自学,又可以推荐某一在线学习平台的某些相关教育资源供其选择。这既提升了教育者对大学生自我教育辅导内容的针对性,又丰富了大学生开展自我教育的学习形式。另外,需要引起注意的是,在大数据时代各种数据信息遍布各个角落,大学生虽然获取信息的渠道较多,但如果不具备较强的信息判断识别能力,在选择信息时容易受到不良信息的干扰和迷惑,进而受到不良信息的侵蚀。从某种意义上讲,大学生这种选择外界信息以满足自我发展需求、提升自我能力的方式,也属于自我教育的一个方面。对此,教育者应当向大学生传授数据分析处理技术,帮助大学生在面对外界各类信息时能够运用大数据技术对其进行分析和处理,进而做出正确的选择。而这个选择的依据就来源于大学生头脑的问题意识和辨识能力,"只有在被大数据灌满之前明白自己需要的是什么,才能避免大脑在数据海啸到来后变成无用信息的垃圾场",这是大学生将大数据的海量库存转变成有用教育资源的重要前提。

其三,个性化帮扶教育。传统思想政治教育之所以较难有效开展个性化帮扶教育,除了因师资力量的局限性而难以顾及,还与能否找准帮扶对象有着紧密关联。在以人为本的教育理念下,为促进大学生的全面发展,思想政治教育者也对大学生积极开展个性化帮扶教育,通过采取走访调查的形式来确认帮扶对象,而一些受访对象碍于某些因素的影响往往不会将真实的情况吐露出来,导致帮扶对象不能穷尽甚至找错的现象发生。在大数据时代,教育者通过大数据技术的运用,既能够从宏观层面考察大学生群体的发展现状,又能够从微观层面洞悉大学生个体的发展需求,这无疑有助于提升个性化帮扶教育开展的针对性和实效性。另外,通过建立个性化帮扶档案数据库,实时录入帮扶过程及其结果的相关数据信息,运用大数据技术分析帮扶成效及其存在问题,这为进一步解决帮扶问题提供了技术支撑。

3. 网络思想政治教育方式的创新

网络思想政治教育的产生,是信息网络技术服务于思想政治教育作用过程的结果,是科学技术的衍生物。随着以信息网络技术为代表的各种高新技术的迅猛发展,科技产品的更新换代周期缩短、频率加快,其中信息网络技术较之以前发展出了诸多新的科技成果,这些新科技对人的思想行为产生了深刻影响,将其服务于思想政治教育，不仅有助于促进网络思想政治教育方法的创新性发展，还有助于满足当下的教育需求和推进教育现代化进程。在大数据时代，将大数据技术运用于网络思想政治教育，应将网络的特点与大数据技术的特点有机结合起来，这样才能增强教育的针对性和实效性。主要包含三个方面。

其一，运用大数据技术，实现网络思想政治教育信息的实时性传播。在大数据时代，亚马逊网站根据顾客浏览网站的网络行为痕迹，分析顾客的购物需求，进而为顾客下次登录网站推送相关购物信息提供了基础。而事实也表明，这些推送信息在很大程度上也确实是顾客所需要的或者说属于关注对象之一。这充分体现了大数据定位技术为企业营销在开发市场上所带来的巨大价值。同理，为精准获悉大学生的发展需求，网络思想政治教育者也应当充分运用大数据定位技术去收集大学生的网络行为痕迹，进而分析其思想行为发展动态，在其访问某一网络平台时，实时传播相关教育信息内容。根据大学生访问网络平台的历史数据信息，可以发现这些网络平台具有固定性与动态性之分。对此，网络思想政治教育者在传播教育信息时，也应当区别对待。对于固定性访问平台，网络思想政治教育者应当在以往访问数据信息的分析基础上有组织、有目的、有计划地设计教育内容，在教育对象二次访问时实时传播教育内容信息，使其受到教育。对于动态性访问平台，网络思想政治教育者应当充分运用大数据定位技术对教育对象所在网络平台的实时动态进行监测，一旦发现教育对象的网络行为偏离了"正确航向"或者说有发生偏离的征兆，应当运用大数据推送技术实时对其传播教育信息，对其偏离行为进行及时引导、劝诫和纠正，尽可能地防止大学生误入歧途。

其二，运用大数据技术，实现网络思想政治教育信息的隐蔽性传播。这种传播方式是相对显性传播而言的，旨在促使教育对象在不经意间接受教育信息的传播影响。实施隐蔽性传播，往往需以准确掌握教育对象的兴趣爱好和发展趋势为前提基础，这就有赖于教育者运用大数据技术去收集、转化、存储、分析和处理有关大学生思想行为发展的各方面数据信息。在此情况下，首先，要根据大学生的思想行为发展现状制定相应的教育内容；其次，根据大学生的兴趣爱好特点，对教育内容进行精心设计，如以视频、音频、文本或图片的形式承载教育内容信息，使教育内容信息的传播能够尽可能地与大学生的信息接收特点相吻合；最后，根据大学生的猎奇心理，采取别出心裁的引诱手法，吸引大学生无意识、无防备地自觉接收信息传播内容，将教育内容信息潜隐地传播到大学生头脑中。

其三，运用大数据技术，实现网络思想政治教育信息的碎片性传播。相较一次性传播而言，这种传播方式强调滴水漫灌、细水长流式的分步多次传播。在大数据时代，大学生的主要任务是学习，而课堂学习又占用了他们的大部分时间，导致他们的用网时间轴被切割成多段且每段的时长短、呈碎片化分布，这也相应地体现在他们的信息阅览上，也就是，在碎片化的时间段里匆忙阅览短而精的碎片化信息。对此，由于时间上的限制，网络思想政治教育很难做到一次性将全部教育内容信息传播给大学生，而且在长期的碎片化阅读习惯和其他干扰性信息的影响下，即使做到了一次性传播全部教育内容信息，其传播效果往往不尽如人意。为增强网络思想政治教育内容信息传播的实效性，教育者应当运用大数据技术分析大学生的实时思想特点和发展需求，将教育内容信息切割成多个组成部分，在有限的时间内传播部分教育内容信息，经过多次传播过程实现教育内容信息的整体性传播。

（三）教育效果评估方法创新

评估既是对一个教育阶段结束的总结，又是为下一个教育阶段开始做准备。只有通过科学有效的评估，才能发现教育过程中的不足之处及其影响成因，为接下来的教育方案制定和教育方式调整提供依据。在大数据时代，教育对象、教育条件和教育环境发生了较大变化，这为传统思想政治教育的某些评估方式带来了挑战，显现出一定不适应性。为增强思想政治教育评估的信度和效度，应当主动运用大数据技术来促进教育信息评估方法的创新性发展。根据大数据技术的全面性、实时性和预测性特点，对教育信息评估方法的创新主要从数字化评估、过程性评估和自我性评估三个方面展开论述。

1.运用大数据技术开展数字化评估

在大数据时代，不仅人们的社会生活变得日益数字化，这也相应地引起了思想政治教育的数字化变革，要求思想政治教育评估方式也要实现数字化发展，也就是，在横向上开展全面性整体评估、在纵向上开展个性化精准评估。

其一，运用大数据技术开展全面性整体评估。在传统思想政治教育中，对教育信息的评估通常采取抽样调查和下情上报的方式进行，这是一种典型的"以小见大"式的评估方式，其考察的对象并没有穷尽所有大学生且不同大学生之间的差异性又较大，导致其评估结果的科学性程度受到很大影响。而采取大数据技术来开展教育信息评估则不同，它强调全面性思维和相关性思维的运用，从整体上把握大学生接收教育信息的所有原始数据，通过数据间的相关性分析，从杂乱无章且看似无用的海量数据中寻找数据间的相关联结点，进而探索其隐含的某种内在关联，在此基础上科学揭示大学生接收教育信息过程及结果的发展态势和变化趋势。这就使思想政治教育的数字化评估在横向上实现了对教育信息的全面性整体评估，有助于提升评估结果的科学性。

其二，运用大数据技术开展个性化精准评估。在传统思想政治教育中，对教育信息的评估一般采取试卷考试或"试卷考试＋课堂表现"的方式进行，这有助于教育者宏观地掌握大学生的理论学习情况。从行为以思想为先导的角度上看，要评估大学生的理论学习效果，不仅要看其考试成绩的高低，更要看其在日常学习生活中的具体相关表现的优劣，而传统思想政治教育的评估方式往往很难对后者进行量化测评。在大数据时代，通过传感器、学习机器和微处理器等技术的运用，几乎能够全过程、全方位地记录大学生在校园学习生活中的各方面数据信息，凭借大数据技术，教育者能够精准获悉不同大学生的各自思想特点和发展需求，并据此定制相应的个性化评估方案，根据大数据反馈的大学生实时表现数据，对个性化评估内容和方式进行调整。这就使思想政治教育的数字化评估在纵向上实现了对教育信息的个性化精准评估，有助于增强评估结果的针对性。

2. 运用大数据技术开展过程性评估

由于受到各方面复杂因素的影响，传统思想政治教育对教育过程的评估，通常只能对已经发生的过去式教育过程及其结果进行评估，对当下教育过程的效果好坏乃至未来教育过程的预见走向则几乎无能为力。而事实证明，只有把握好当下、着眼于未来的教育过程，才能在日益复杂的教育环境中收获良好教育成效。在大数据时代，大学生思想政治教育充分运用大数据技术的实时性和预见性，对于弥补过程性评估的这些缺陷具有重要作用。

其一，运用大数据技术开展过程性当下评估。传统思想政治教育为获取教育对象接收教育内容后的反馈信息，一般都是采取走访调查的形式进行，而出于某些方面因素的影响，教育者往往不易收集到反映受访对象真实情况的相关信息。在信息化时代，大学生在接收一定教育内容信息后，出于某种需要，在学习之余都会往来于网络社交平台传播各种信息或者浏览、下载相关网站中图文音像资料，其中不乏有与教育内容信息相关的数据信息。对此，教育者应当凭借大数据收集技术的运用，从大学生日常接触较多的网络社交平台中去获取数据信息，如QQ、微信、微博、抖音等自媒体平台；凭借大数据定位技术的运用，追踪大学生浏览、下载网站资料的数据信息，通过对这些数据信息的筛选、整理、分析与处理，实时评估当下教育过程的实际效果。

其二，运用大数据技术开展过程性未来评估。教育者在运用大数据技术收集和整理大学生的相关数据信息后，以数学建模的形式来分析和处理大学生学习效果同教学方式、教学内容、教学环境和教学资源等方面因素的相关性及其程度高低，通过可视化技术动态地演示大学生接收教育信息的发展过程及其未来走向，针对未来可能出现的相关问题，进行预见性评估。从发展的角度看，这种过程性未来评估使教育者在及时应对预见性问题中赢得了施教主动权、在未来教育过程中抢占了教育先机，既有助于教育过程评估方案的进一步优化，又有助于提升教育过程评估的科学性。

3. 运用大数据技术开展自我性评估

自我性评估是"测评对象在思想政治教育过程中，特别是在教育活动告一段落后，就自身的行为及其效果，在思想上进行的反思或反省，哪些该肯定，哪些该否定，哪些该改进，以及应如何改进，等等"。可见，大学生既是自我性评估的组织者，又是受动者。在评估教育信息是否被接收及其程度如何的问题上，大学生是最有发言权的。因此，能否引导和激励好大学生在开展自我性评估中自觉找差距、补不足，对于促进其健康发展至关重要。由于传统思想政治教育在大学生自我性评估的督促执行上比较注重其自觉性，一般不会采取外部施压的方式强行要求大学生就自我性评估中的不足之处进行改正或改进，导致大学生自我性评估所具有的自我教育意义一定程度上受到削弱。而在大数据时代，大数据技术的运用则有助于强化自我性评估所具有的自我教育意义，主要表现在两个方面。

其一，从数据反馈中强化自我性评估。大数据的到来，为大学生的学习生活提供了方便快捷的数字化平台，比如在线学习平台的开通，使大学生的网络学习打破了时空限制，变得越来越具有随时随地性。大学生通过各种数字化平台的运用，不仅能够随时查询到自己的网络行为踪迹，而且能够获取各种网络行为数据的累计情况，如学习情况、访问情况、社交情况等，有的数字化平台为提醒使用者注意，还通常将这些反馈数据实时传送到使用者手中。就思想政治教育内容学习而言，这种实时反馈的网络学习数据信息，往往能够对大学生的学习心理形成无形的督促压力，激发其完成学习任务、跟上学习进度，进而发挥自我性评估的自我教育功效。

其二，从动态比较中强化自我性评估。在传统思想政治教育中不乏有教育者通过比较的方法来促进大学生学习的案例，由于多种因素的影响，教育者并不能全面、深入地了解比较对象，加之不同大学生的异质性较大，只有将各方面情况综合相似的大学生进行比较，才具有可比性教育意义。这些因素在一定程度上影响了比较教育的育人功能发挥。在大数据时代，凭借大数据技术，教育者能够对每位大学生的各方面信息进行全面掌握和深入分析，这使找准合适的比较对象具有了现实可能性；同时，运用可视化技术对比较对象双方的相关方面数据信息进行动态演示，将其作为"落后"一方开展自我性评估的参照蓝本。这有助于大学生在比较中客观地全面认识自己并直观地发现不足之处，有助于在荣辱感的无形驱使下激发大学生的拼搏斗志，进而起到自我性评估的自我教育功效。

第四章 社会主义核心价值观融入大学生网络思想政治教育研究

在信息技术飞速发展的今天，新型的网络媒介成为学生学习、交流、娱乐的主要场所。新媒介在社会生活的方方面面都得到了广泛的应用，并对广大青年学生的思想、价值观产生了深远的影响。"网络"是青年大学生学习与生活的一个重要空间，既是思维活动的场所，也是思想教育与舆论交流的场所。网络阵地领导权的掌握，不仅关系到对我国社会主义的建设者和接班人的培养，也决定着国家的政治、政权的稳定。

社会主义核心价值观是大学生思想政治教育的一个重要内容。正确地运用互联网，能有效地推动社会主义核心价值观的形成，从而达到良好的教育效果。各高校要把社会主义核心价值观与大学生的思想政治教育结合起来。

第一节 社会主义核心价值观融入大学生网络思想政治教育的内涵

在社会主义现代化建设过程中，要把社会主义基本价值观的基本要求纳入高校大学生的思想政治教育网络，增强大学生思想政治教育的针对性和实效性。

大学生网络思想政治教育是以计算机网络技术、多媒体技术、信息技术为依托，紧密联系现代大学生的认知特征而进行的一种新的思想政治教育方式。互联网是一柄"双刃剑"。高校要正确利用活跃的网络信息，以提升大学生的道德素质和信息素质。

当前，在运用新的网络媒介时，要充分认识到各种媒介对个体价值的影响。坚持以社会主义核心价值观为引领，通过主题网站、校园论坛、网络教学等途径，实现传媒价值的正确管理，树立正确的舆论导向。构建一个良好的传媒生态环境，既能提升大学生的文化素养，又能促进社会主义核心价值观的形成。要使网络环境得到净化，就要大力提倡文明上网，营造一个健康、文明、和谐的网络环境。

一、大学生网络思想政治教育的内涵

大学生网络思想政治教育有广义的和狭义的两种内涵。从狭义上讲，是由教育主管机关和高等院校根据传统的思想政治教育理论，运用心理学、传播学、现代信息技术等知识，构建相应的网络思想政治教育体系。通过对高校学生的网络行为进行有效的管理，加深其对网络安全的认识，增强其对信息的识别和传播能力，使其在社会主义现代化进程中形成正确的思想、政治、道德标准。从广义上说，大学生的网络思想政治教育主要由高校和老师们利用互联网进一步推进，同时也是网络教学和传统教学相结合的过程。大学生的网络思想政治教育就是以大学生为主体的网络思想政治教育。目前，对大学生网络思想政治教育的界定，存在着两种不同的看法。

第一种是从"工具"的角度出发，把"网络"看作"思想政治"的一种工具。其核心是利用因特网为大学生思想政治教育开辟一条新的道路。

第二种是网络思想政治教育的基本内容，主要包括网络与人的本质关系、网络与思想政治教育的本质关系、思想政治教育与人的本质关系。该观点将互联网视为"生活方式"，并将其视为"社会实践"，即社会阶层、政党、团体利用一定的意识形态概念、政治观点和道德准则，利用现代媒介对其听众施加有目的、有计划和有组织的影响，从而形成特定社会和社会阶层所需要的意识形态和道德品质。但是，这种看法的缺陷是，没有提到这个教学活动的具体内容。

二、建立将社会主义核心价值观融入大学生网络思政教育的长效机制

高校大学生思想政治教育的长效机制是一种动态的适应和完善的过程。在实施网络教育的过程中，各有关部门要共同努力，构建一种既能充分发挥网络的教育功能，又能促进学生网络行为健康发展的工作机制。高校大学生的网络思想政治教育要从以下几个方面着手。

（一）建立教师队伍

要建立健全高校思想政治工作的长效机制，必须大力培育政治素质高、专业技能强、技术手段新颖的教师队伍。要通过制定专业规范与标准，加强对大学生的职业技能培训，以提升其职业道德和职业技能。

（二）夯实教育阵地

在构建学生网络思想政治教育长效机制的实践中，要始终保持清醒的头脑，牢固树立立场意识，积极运用马克思主义，"占领"网络阵地，促进马克思主义中国化的最新理论成果在网络内有效传播。

（三）保障校园网的建设

校园网的建设不仅为学生的思想政治教育提供了技术保障，而且对复杂的网络信息起到了有效的验证作用。基于校园网实施大学生思想政治教育，不仅可以在一定程度上提高师生的参与度，而且可以充分发挥高校网络的力量，利用网络的基本功能，确保大学生网络思想政治教育稳步推进。

第二节　社会主义核心价值观融入大学生网络思想政治教育的意义

与传统的思想政治教育方式相比，网络思想政治教育方式对大学生的社会主义核心价值观的培育有着先天的优越性。由于其互动性强、传播范围广、传播效率高、内容丰富等特点，在很长一段时间内都会备受欢迎。在不断的实践中，网络技术与思想政治教育可以相互影响。

一、教育资源多样化

"大"与"快"是互联网信息的两大特征。网络信息的整体数量非常庞大，而且更新速度也在成倍提高。通过对网络上的大量资料进行分析，把现实材料、理论成果和典型的案例运用到大学生思想政治教育中，能增强教育的影响力。

在网络环境中，信息交流与资源共享为推进大学生思想政治工作创造了良好的条件。目前，QQ、微信等即时通信工具已成为高校思想政治教育工作者开展教育的主要手段。同时，"轻松课堂"的学生教育软件对大学生的思想政治教育起到了很好的促进作用。高校思想政治教育的内容可以在不同的网络媒体中自由地流通，为大学生提供了一种新的学习方式。

二、教育手段科学化

网络媒介是连接高校思想政治教育工作者与学生的纽带。当前，大学校园网是大学生最常用的网络媒体，为师生双向沟通提供了方便，并对其发展起到了积极的推动作用。在双向交流的过程中，思想政治教育者能够从全局上把握学生的心理状态，并对其进行正确的引导和矫正，从而使思想政治教育的针对性、有效性得到充分的发挥。

三、教育机制长效化

高校学生的网络思想政治教育机制要适应网络环境以及大学生的网络行为、心理特点，利用其长效机制促进大学生的思想政治教育，与传统的思想政治教育形成合力，产生叠加效应。目前，高校大学生思想政治教育工作已成为新时代高校德育工作的一个重要内容。

四、教育体系完整化

大学生思想政治教育网络是以马克思主义为核心的理论和实践相结合的一种教学系统。高校思想政治教育工作者应坚持用自身的实践经验，不断充实和完善大学生网络思想政治教育的理论体系，为教育系统的整体发展做出贡献。一套完善的网络思想政治教育理论体系，既要以马克思主义理论为中心，又要融入社会主义核心价值观，如此才能切实增强大学生的思想政治教育实效，并不断扩大网络思想政治教育的张力。

第三节　社会主义核心价值观融入大学生网络思想政治教育遵循的原则

原则是人们在一定的目的和情况下，观察和解决问题时所要遵守的准则和标准。大学生网络思想政治教育的基本原则就是网络教学中要遵守的基本原则和方法。在网络思想政治教育中，要坚持传统的思想政治教育理念，同时要根据信息时代的特征，以及当前大学生的网络行为特征，对其加以补充和完善。坚持网络思想政治教育的基本原则，既要与现实紧密结合，又要把人文精神不断地灌输到实践中去。高校大学生网络思想政治教育的基本原理是十分重要的。在对高校学生进行网络思想政治教育的整个过程中，马克思主义的理论发挥着重要的指导作用，大学生网络思想政治教育应遵循以下基本原则。

一、技术与人文相统一的原则

大学生网络思想政治教育的技术化表现为网络信息技术的特征，而其人本化表现为大学生网络思想政治教育活动中所渗透的人文精神。在大学生网络思想政治教育中，要把网络技术和人文精神有机地结合起来，体现出科技和人文的融合。

随着互联网技术在高校思想政治工作中的迅速运用，必将给高校学生思想政治工作带来新的突破。但是，由于互联网信息的开放性、传播性，某些不良信息在网络上快速传播，对筛选能力不强的学生来说，在其思想品德方面，会有很大的影响。在高校思想政治工作中，必须充分运用互联网技术进行思想政治教育。比如，利用网络技术对网路上的不良资讯进行筛选。当前，最有效的办法就是采用防火墙技术，但是，网络技术并非无所不能。我们也应该把人文精神融入互联网中。

网络技术的发展和人文精神的传播是相互促进的。我们在进行网络思想政治教育时，应正确地处理好网络技术和人文精神之间的关系。为此，必须正确处理科技与人文之间的矛盾，积极培育人文精神，努力协调网络技术与人文精神的关系，将人文灵魂教育作为学生思想政治在线教育的重要组成部分。

二、理论与实践相结合的原则

"理论联系实际"是"马克思主义"的基本特点。理论与实践是紧密联系的。理论引领实践，实践充实和发展理论，二者具有辩证统一的关系。

以传统的思想政治教育理论为指导，结合时代特征，结合大学生的网络行为特征，进行网络思想政治教育的实践；在教学实践中，教师要积极地应用各种教学手段，并通过学习、总结，形成自己的理论。大学生网络思想政治教育要遵循马克思主义的科学原理，坚持唯物辩证法，通过实践来检验其科学性，从而使大学生的思想政治教育理论更加充实和完善。高校思想政治工作者队伍要适应新时代高校思想政治工作的需要。

第四节　社会主义核心价值观融入大学生网络思想政治教育的具体路径

通过对高校大学生思想政治教育的理论和现实情况进行分析，提出了完善大学生思想政治教育的对策。在教育和教学中，运用互联网进行思维引导是最重要的。

一、加强队伍建设，提升媒介素养

在网络时代，高校必须建立起一支高水平、高素质的网络思想政治教育者队伍。高校要把专业素质和品德素质有机统一起来，培养一支具有较高思想政治素养的教师队伍，并培养出一支具有一定网络素养、技术水平较高的学生队伍，为思想政治工作者队伍注入新鲜血液。

（一）加强理论学习，具备网络思政教育的宽口径知识储备

教师既要有扎实的理论基础，又要具备良好的职业素质，要掌握教育学、心理学、法学等方面的知识，要熟练掌握现代网络技术，运用网络技术进行思想政治教育。在信息技术飞速发展的今天，我们必须加强对大学生网络思想政治工作的关注。

大学生网络思想政治教育者应通过调查分析网络新闻在不同历史阶段的传播趋势及价值取向，以把握网络文化的发展动向、提升网络媒介的品质、更新话语系统、改善话语类型、增强话语效果。通过开展课堂互动、分班学习等日常活动，积极参加网络文化建设，了解和掌握大学生的上网行为、心理特征，发现并帮助学生解决实际困难和问题，不断获得解决问题的经验，使网络思想政治教育更有针对性和有效性。

（二）积极引导，探索网络思政教育的新规律

1. 引导大学生正确认识网络文化

引导大学生认识到主流网络文化对社会的正面作用，同时也要求大学生以"主人翁"的视角来看待社会发展。对网络文化进行大力推广，使其在现实中得到充分的应用，从而达到改善校园文明、净化校园环境、维护学生良好的社会公众形象的目的。另外，倡导规范、积极的网络交流方式，可以创造良好的网络舆论环境，客观地反映大众的文化形态，从而使大学生的价值观与主流的社会价值取向相一致。

2. 引导大学生提升文化素养

高校要充分运用网络媒介，积极引导大学生通过学习优秀的文学作品，提升自己的文化素养，从而形成一种对网络文化进行合理使用的文化自觉。在此基础上，要充分发挥大学生的主体作用，使其意识到净化校园语言生态环境的历史责任，弘扬优秀的网络文化，树立正确的社会价值观。

二、加强网络监控，净化网络空间

（一）多方齐发力，共筑文明网络环境

增强高校学生的网络安全意识，是高校思想政治工作的重要任务。要达到这

个目的，除了教育界的努力，还需要全社会各方面的协同配合，使教育与社会各方面都能齐心协力。

政府和有关部门应不断完善法律法规，从源头上收集有关资料，加强对网站及网络媒介的监管，以推动互联网的规范、和谐、合法化。同时，相关部门要加强对互联网的信息核查，加大对互联网的监管力度。

高校应积极营造良好的校园网络环境，切实建立完善的规章制度和管理制度，强化网络安全管理，有效地监测、防范、过滤有害信息，确保校园安全、稳定，营造良好的网络环境。

（二）合理利用"意见领袖"，弘扬网络正能量

"意见领袖"是"积极分子"，他们在社交网络中常常与别人分享交流并影响别人。"意见领袖"有三种类型：一是直接提供第一手资料的人；二是名人、作家和其他公众人物；三是活跃的演讲人，他们在学生中拥有很高的知名度。高校应在一定程度上发挥"意见领袖"的作用。

高校可以发掘或培育"意见领袖"，使其在诸如国际政治、商务等敏感议题上发表有智慧的言论，以此为学生树立正面的舆论导向。如果出现了一些有争议的词语，则可以通过制定议程来对"意见领袖"进行控制，从而使其更加客观、真实，从而使其更好地宣传和传播符合社会主义基本价值的信息，从而使学生的观点发生转变。

第五章　全方位育人融入大学生思想政治教育研究

高质量推进全方位育人，深化育人实效，对大学生思想政治教育有着十分深远的意义。我们以新时代立德树人的目标要求和培养时代新人的现实需要去探寻提升大学生思想政治教育实效的对策，不仅是全面提升高等教育人才培养水平的重要保障，同时也构筑了新时代全方位育人体系的新高度。

第一节　全方位育人与大学生思想政治教育概述

一、相关概念界定

（一）全方位育人

全方位育人作为"三全育人"的组成部分，主要对应育人空间维度上的延展性。"三全育人"是指全员育人、全过程育人、全方位育人。这三种构成要素之间既有联系又各有侧重点，分别通过主体要素、时间要素、空间要素来发挥育人功能，实现育人目标。

全员育人主要针对主体要素，强调人员的重要性。在育人过程中，从育人主体的视角，以重点加强人才队伍建设来实现育人任务与目标，凡是能对大学生产生积极影响的人员，要求全部肩负育人责任，强化育人职责意识，聚合力量、积极参与，发挥其育人育才能力。

全过程育人主要强调的是时间要素，认为育人工作不能仅止步于特定时间、阶段内，应将其视为一项长期性、系统性的育人工程来着重规划，注重从时间的角度，以大学生发展成才的全过程为核心主线，将育人工作贯穿于大学生每个成长阶段，有针对性地进行教育，实现"全天候"育人。

而全方位育人重点强调的是空间要素，学术界通常认为全方位育人的概念在强调方位、空间概念的同时，也强调了一种社会概念，具体指的是聚焦全方位、全覆盖维度，在全时空大环境中，延伸育人空间与范围，全面覆盖学校、社会、家庭等育人空间领域，通过课内课外、校内校外、线上线下等途径，围绕立德树人中心环节，从各领域、各层次、各方位发力，营造"时时育人、处处育人"的多方联动的"大思政"格局，对大学生开展思想政治教育。

全方位育人的内涵是随着时代发展与进步而不断丰富、充实、更新的，全方位育人的实质就是突破空间维度的限制，通过恰当的系统耦合，运用多种形式的育人载体，发挥多场域育人功能，促使多维度、全方位、立体化的思想政治教育链条的构成，构建"强强融合"的育人要素汇聚模式，从而发挥同频共振的协同联动效应，使得大学生思想政治工作得以系统、科学、完整地开展与延伸，加快实现育人能量的传递、共享与互化，最终打造"时时有育人、处处有育人、事事有育人"的育人局面。

思想政治工作改革发展的新方向就是实现全方位育人的高质量发展。要提升育人实效，就要求全国上下"一盘棋"，将立德树人理念贯穿于育人的各个方位、各种空间，建立全方位多维度的思想政治教育系统大网格，以多元视角全力释放育人机制主要张力，尽力减少和阻抑育人影响因素之间的矛盾和冲突，解决各育人资源要素同向同行的问题，形成全方位育人新格局，以达到构建思想政治教育长效机制，强化育人功能、提高育人实效之目的。

（二）大学生思想政治教育

思想政治教育的政治属性反映了占统治地位阶级的意识形态，因此党和国家要始终加强对思想政治工作的全面领导，高度重视此项工作。作为思想政治教育的延伸和细化，大学生思想政治教育通常是指教育者遵循一定的教育原则和目标，以各种教育形式和方法引导大学生形成正确的世界观、价值观和道德观等，将其培养成新时代背景下全面发展的社会主义建设者和接班人。它以理想信念教育为核心、以爱国主义教育为重点、以道德规范教育为基础；其教育目标是实现大学生德智体美劳全面发展；其基本任务是使大学生树立正确的世界观、人生观、价值观，弘扬民族精神，深入进行公民道德教育和基本素质方面的教育。综上所述，既然做人的工作是思想政治工作的根本要义，那就要求教育者必须引导学生、关心学生、服务学生，以学生为本，以培养新时代高素质、创新型人才为目标，不断提高学生的政治觉悟、思想水平、道德素质、文化涵养等。

二、全方位育人的基本特征

特征是事物的表面特点和外部表现，是区别于其他事物的基本特点。全方位育人的基本特征，具体表现在以下几点。

（一）时代性

进入新时代，站在新的历史方位，社会主要矛盾的转化意味着需要深刻变革。党的十八大以后，国内外不同文化思想交融碰撞，世界形势纷繁复杂，建党百年以来国家综合国力和国际影响力明显增强，我国在政治、经济、文化、生态建设等方面取得了突破性进展，这些具有创新性和全面性的历史性成就、历史性变革就是我国进入新时代的标志之一。

新形势、新矛盾，迫切要求构建一体化思想政治教育体系，更好地为中国特色社会主义事业服务，以此解决新问题、新挑战，实现从大国到强国的转变。这些新变化、新要求所体现出的鲜明时代特征，丰富了全方位育人内涵、原则和要求，为思想政治教育创新发展指明了目标方向、拓展了路径方法，为提升育人实效和构建全方位育人体系，继而形成全方位、一体化育人格局提供了遵循、确立了方向。

（二）全面性

全方位育人的关键在于"全"。首先全方位育人不仅要实现"五育人""七育人"，还要充分利用课程育人、科研育人、实践育人、文化育人、网络育人、心理育人、管理育人、服务育人、资助育人、组织育人十大方面，构建立体化、全面性育人体系；不仅要实现学校育人，还要实现社会育人、家庭育人、自我教育等；不仅要让思想政治教育入课，还要入社、入家、入网。其次全方位育人应本着多元化、全覆盖的育人理念，打造家校社联动机制，全面覆盖学校、家庭、社会以及自身所处空间范围，建构宽领域育人空间，形成育人合力。最后全方位育人应最大化地发挥育人诸资源、要素的协调作用，注重优化教育内容，推动线上线下有效衔接，推动校内校外、课上课下有机结合，不仅包括专业文化课、思想政治理论课等知识的学习，还应引导大学生在德智体美劳五大方面同步协调发展，最终实现自身的全面自由发展，充分体现整个人才培养过程的全面性。

（三）系统性

系统论让我们认识到，事物是由各个部分构成的整体，但这并不是各个部分的简单相加，而是事物内部诸要素之间有组织、有顺序、有程序地构成的一个系统。全方位育人在作用形态上能充分体现其系统性特征。全方位育人工作是一个系统全面的工作，全方位育人的系统性特征要求大学生思想政治工作必须运用系统性思维来统筹人才培养的全过程，无论是政策制定、人员参与还是实施过程都需要提前规划，融合各方面内在需要，系统考虑所有能对大学生思想和行为等方面产生影响的要素，将人才培养过程中的消极因素及时转为积极因素，尽可能地实现步调一致、同向同行。实现系统化、结构化的育人机制，就需要将学校、家庭、社会以及大学生自身的育人因素统筹联结起来，将育人影响因子、育人资源以及育人策略集聚于全方位育人运行机制中，从而形成一体化、结构化的全方位思政大格局，这种育人格局，不仅在整合育人资源、要素等方面具有系统性，使大学生能更系统、更高效地接受思想政治教育，也能充分体现以立德树人为中心环节的全方位育人工作的系统性。

（四）创新性

全方位育人的创新性主要表现在以下几方面。一是具备全新的育人理念。新时代大学生思想政治教育的改革创新首先是以育人理念创新为引领的。以立德树人为核心，树立全方位育人教育理念，将培育时代新人的成效作为检验一切思想政治工作的主要标准。二是具备全新的育人模式。全方位育人体系是一个整体性、协同性、系统性、全局性的工程，着重强调多层次、多维度育人，重中之重是树立全新的一体化思政观、善用"大思政课"等，综合考虑评价高校、社会、家庭在育人领域、育人环节等多方面的育人要素和育人资源，构建一套全新的大学生思想政治教育模式。三是具备全新的育人手段。开展全方位育人要求以顶层设计为统领、遵循各高校制定的符合本校实际的"十大育人"标准体系建设思路的同时，始终契合当下信息化教育的发展趋势，不断开发学校、社会、家庭等多层次、立体化的育人资源，探索"虚拟＋现实""线上＋线下"协同发展模式，使传统育人形式实现创造性转化和创新性发展，有效增强其吸引力和时代感。

三、全方位育人的基本原则

从目前所掌握的政策文件和学术界的研究成果来看，大学生思想政治工作需要重点坚持的原则有以下几个。

（一）科学性与方向性相结合的原则

全方位育人工作要实现实施过程的科学高效，其必须遵循三个客观规律，即社会历史发展的客观规律、学生思想活动的客观规律以及开展大学生思想政治教育工作的客观规律。马克思主义深刻揭示了自然界、人类社会、人类思维发展的普遍规律，为人类社会的发展进步指明了方向。要使全方位育人工作始终遵循正确方向，我们必须坚持以发展着的马克思主义为指导，要持续从其理论中汲取智慧和力量，永远把坚持正确的政治方向摆在首位。深入贯彻落实全方位育人的理念方针，避免马克思主义被边缘化、标签化，是切实提高育人成效、全力培养社会主义建设者和接班人的必然选择。基于全方位育人工作整体思路，针对大学生的思想领域动态以及所涉及的空间领域，结合新形势、新变化，从事符合社会历史发展、人的思想活动和思想政治工作规律的教育工作。融媒体时代发展至今，多元化传播主体给我国的发展进步带来了机遇与挑战。结合新形势、把握新要求，在主体引领、多方协作的基础上，牢牢占领主流意识形态阵地，积极采取有效措施，始终坚持全方位育人的科学性和方向性，形成全方位的"大思政"育人格局，这正是当下探索精准育人新模式、落实立德树人根本任务的有效途径和方法。

（二）整体性与针对性相结合的原则

全方位、多维度的思想政治工作是一项复杂而艰巨的系统工程。面向新时代育人总体目标、社会主义现代化进程中对大学生综合素质的新要求以及当下大学生在成长成才过程中的特点，应遵循顶层设计，把整体性确立为对大学生进行全方位思想政治教育的重要理念。以整体性、全面性原则为指引，系统设计大学生思想政治教育的任务要求、主要内容等。在强调全方位育人的视角下，对学校、社会、家庭育人领域全面渗透，并不意味着育人各环节发挥的作用是均等的，各育人力量应根据学生各个成长阶段的生理特点和个性差异把准问题、精准施策，选择合适的思想政治教育目标、内容和途径，这样不仅能有效解决育人的共性问题，又能精准解决因个体差异带来的个性问题。

（三）理论性与实践性相结合的原则

这一原则主要反映了主客观世界的辩证统一关系，同样也揭示了理论教育与实践教育相互依存、相互转化、不可割裂的关系。新时代背景下，坚持理论性与实践性相结合的原则比以往任何时代都显得尤为紧迫和重要。践行全方位育人最直接的方式就是通过多种实践渠道，培养大学生政治理论学习的主动性与积极性。中国特色社会主义重大理论、实践成果，源源不断地为高校思政课教学、社会大课堂提供理论源泉、实践支撑。既要重视发挥好课堂教育的作用，又要不断强化思想政治教育工作的关键一环——社会实践教育，讲好"大思政"课。只有全面覆盖育人领域，以学校为主导、以社会为依托、以家庭为基础建立一体化的实践育人模式，才能不断引导大学生在人生长河中找到正确的人生道路和前进方向、在实现个人价值的路途中放飞自我。

（四）显性教育与隐性教育相结合的原则

全方位育人的最终目的是立德树人，而显性教育与隐性教育相结合就是思想政治教育改革创新的关键一招。显性教育是指教育主体通过有领导、有组织、有目标、有计划的系统化的教育活动，以直接、外显的方式使受教育者受到教育影响的有形教育，主要包括学校根据教学计划、目标、内容有组织地实施的正式课程或官方课程、专题思政教育、主题讨论等。而隐性教育则是通过无计划、间接、内隐的方式，以受教育者心理上并未察觉的无意识教育方式，将教育内容以形象生动、喜闻乐见的形式渗透到受教育者所处的日常生活中，使教育者不知不觉受到思想政治教育影响的无形教育，是一种全方位、开放式、跨时空的教育过程。二者应紧密结合，以此形成协同效应。要持续加强显性教育，坚持思政课程改革创新，继续深化教学内容，明确育人目标与要求，突破传统思维定式，全面发挥主渠道作用，扎实开展好思政课程。而以课程思政为代表的日常思想政治教育要将育人内容和理念融入其中，融入学校文化建设、管理工作、学生工作等各方面。最后，高校要通过协同学校、社会、家庭等有助于学生成长成才的各方力量，探索多元育人路径，以润物细无声方式进行有效教育，多措并举实现全方位育人。

四、全方位育人与大学生思想政治教育的关系

（一）全方位育人是大学生思想政治教育理论体系的创新成果

树立全方位育人理念是新时代背景下党和国家对大学生思想政治教育创新发展的时代要求，全方位育人理念是大学生思想政治教育理论体系的创新成果。这种新理念，不光成为马克思主义教育理论的新的时代延展，而且成为破解新时代育人工作不充分、有短板等难题的重要思路。这种新理念，内在要求将大学生思想政治道德素质与个体科学文化知识紧密结合，实现人的全面发展。这种新理念指导思政工作从"教"转变为"育"，紧紧围绕全方位育人理念，不断建设育人体系，切实打造出了一种全方位的育人新生态。

（二）全方位育人是改进大学生思想政治教育的新路径

全方位育人聚焦新时代发展趋势，能切实提高我国人才培养的针对性和适应性，是进一步改进大学生思想政治教育的新路径。全方位育人新路径，将学生的全面协调发展和综合素质的提高摆在首要位置，彰显了立德树人的崇高价值追求

与培养时代新人提出的育人目标要求高度契合。通过全方位育人这种全新的育人路径，聚焦育人空间的全覆盖，盘活各方育人资源，为我国培养出一批理想信念强、精神状态佳、综合素质行的时代新人。全方位育人致力于打造全新的育人领域、拓展育人时空，实现育人要素在一线聚合，构建育人新生态。

第二节　全方位育人视角下大学生思想政治教育现状

一、现状调查

（一）问卷基本情况

1. 问卷设计

本次调查问卷一共有 28 道题目，其中单选 19 道，多选 8 道，填空 1 道，题量、难易程度均适中。本次问卷内容设计主要包括两部分内容，一是调查对象的基本信息，如性别、年级、专业以及对当前所接受到的思想政治教育的总体感受；二是问卷调查的具体内容，从当前高校、家庭、社会层面入手，调查大学生思想政治教育实效以及调查对象自身方面的自我教育状况。本次调查具有一定的代表性，能基本反映出全方位育人视角下大学生思想政治教育的现状、存在的问题及其原因等，为后期深入分析探索解决对策提供数据支撑。

2. 调查对象

本书的调查对象是某区内多所高校的大学生，采用抽样调查的方式，主要抽取某电子科技大学、某师范大学、某理工大学的学生进行调查，使其填写调查问卷。

3. 问卷实施

本次调查主要通过"问卷星"平台开展调查和问卷测评，调查实施共分为两个阶段。首先是为确保问卷设计的科学性与有效性，将初步拟定的问卷设计初稿发放给某电子科技大学融媒体中心的 15 名来自各个年级的学生，以此检测问卷是否有歧义与难懂的地方，并将首次回收的问卷进行检验，对其不合理、有歧义的地方进行修改和完善。其次是第二次正式发放主要通过各校学生沟通群、高校易班交流群等线上的方式，与大学生沟通联系、发放问卷。本次问卷共发放 800 份，回收问卷 780 份。经过初步筛选，有效问卷共 765 份，问卷有效率为 98%，基本符合本次问卷调查的比例要求。

（二）样本总体情况

本次调查主要针对大学生思想政治教育实施现状和总体情况，试图从学校层面、社会层面、家庭层面以及大学生自我教育情况入手，深入了解大学生思想政治教育现状及总体感受，以期为全面实施全方位育人策略提供有益参考。

本次调查有效问卷为 765 份。男性 369 人，占比为 48.24%；女性 396 人，比例较男性略高 3.52%。调查对象从大一到大四均有分布，且近六成（58.44%）为大一、大二低年级学生群体，其中大二年级受访学生的比例最高，为 32.03%，而大一年级受访学生的比例为 26.41%。与当前在校学生人群整体情况较为相符，具有一定的代表性，因此能比较好地满足抽样调查的客观性。超五成（53.2%）受访学生就读专业是人文社科，近四成（37.91%）受访学生所学专业是自然科学，还有 7.97% 的受访学生所学专业是艺术体育类，而"其他"选项的比例仅为 0.92%。

超五成受访学生对当前思想政治教育的认可程度相对较高。在受访学生中，超五成（50.72%）的受访大学生对思想政治教育表示认可，其中"认可"的比例最高，为 32.94%，认为"非常认可"的受访者占比 17.78%。此外，不认可思想政治教育的学生比例为 18.3%，其中"非常不认可"的比例为 15.82%，认为"不认可"的仅占 2.48%，而表示"一般认可"的比例为 30.98%。这说明当前开展思想政治教育所取得的成效较好，受访学生对思想政治教育的认可程度相对较高。

二、取得的成绩

（一）全方位育人理念有所增强

2016 年召开的全国思想政治工作会议，明确了思想政治工作的新方向，将全方位育人理念提高至前所未有的高度。2017 年发布的《高校思想政治工作质量提升工程实施纲要》，又进一步明确了实施全方位育人的具体目标与内容，要求充分发挥十个方面的育人功能，覆盖学校、社会、家庭等时空领域，打造校内校外全覆盖、课上课下双服务以及线上线下齐发力的育人格局，保障育人工作的顺利开展。

进入新时代以来，各地高校坚持以马克思主义为旗帜，以习近平新时代中国特色社会主义思想为指导，贯彻落实全国高校思想政治工作会等会议精神以及学习领会各项思政教育工作重要论述，坚持把"三全育人"作为完成立德树人使命的总抓手，树立了全方位育人的教育理念。本次调查的某电子科技大学坚持把"三全育人"工作作为学校落实立德树人根本任务的总抓手，着力实施"智慧领航"工程，全面推动组织、制度、平台、队伍以及十大育人体系的有效协同，形成了"智慧引领、多维协同"的育人工作体系，实现了思想政治工作上层次、上水平。某理工大学全面统筹办学治校育人资源与力量，积极树立全方位育人教育理念，制定了教学各环节的质量标准，从完善体制机制、加强专项队伍建设、完善监督评价体系等方面入手、抓实十大育人体系建设，不断提升思想政治工作的针对性、实效性。某师范大学立足全方位育人培养理念，以重要制度文件明确育人模式的目标要求，走出了一条由"点"到"线"、聚"面"成"体"、多"体"联动的育人之路。

（二）全方位育人资源不断拓展

全方位育人充分利用了各种育人资源和育人载体来开展育人活动。中国特色社会主义进入新时代，进一步助推了立德树人这一根本任务内涵的不断深化与外延的不断拓展。新形势下高等教育新难题不断涌出，全方位育人理念的提出，为育人资源的不足提供了填补策略。

一方面，高度重视构建"大思政"格局，通过社会育人、家庭育人与学校育人的融合互补，形成强大的教育合力，挖掘立体化、全方位的育人资源，为开展全领域的立德树人工作提供更加广阔的育人空间。某电子科技大学系统设计实践育人教育教学体系，打造"创意工坊"，推出"第二课堂成绩单"等；某师范大学推进学校"小课堂"和社会"大课堂"同频共振，将"三全育人"理念与实践渗透于学习课堂、校园生活、暑期社会实践与创新创业教育中，组织学生深入开展志愿服务。另一方面，各高校利用网络育人途径，借助多种新媒体和互联网渠道开展大学生思想政治教育，弥补传统教学教育模式的不足，进一步提高育人的时代性与针对性。某电子科技大学建设"三全育人网络成果展"，开发思政育人系列动漫、短视频，开发"红军长征沿线网络纪念馆"等。某理工大学积极利用校园融媒体打造防骗"金钟罩"，在开学前精准推送反诈"第一封信"，通过钉钉等平台上反诈"第一堂课"，点对点提升广大师生的防诈"免疫力"。全方位地育人使大学生能从生活、学习的方方面面吸收各种先进思想和优秀文化，这有利于形成融洽、文明、和谐的思想政治教育大氛围。

（三）全方位育人机制正在形成

全方位育人机制的形成过程是复杂的、长期的，更是艰巨的。这不仅与大学生自身成长的规律有密切关系，也与大学生所处的学校环境、社会环境以及家庭环境息息相关。全方位育人实效关乎大学生思想政治教育质量、国家的教育事业，甚至关乎党和国家的前途命运。

本次调查的三所高校均根据《普通高等学校"三全育人"综合改革试点建设标准（试行）》建立了符合本校实际的育人工作机制。某师范大学从全局着眼、顶层推动，印发了《深化"三全育人"综合改革建设方案》，提出升级构建"一根本三维度一贯穿十协同"机制；某理工大学公布《"三全"育人示范校建设项目总体方案》，旨在构建育人新机制，着力打造具有桂工特色的育人共同体；某科技大学构建的"12345+10"协同育人机制是内容完备、运行科学、保障有力的育人模式。可以看出，绝大部分高校已经建立了"三全育人"的领导机构，全方位育人机制也已基本确立。各高校逐步建立起以党委书记为组长的领导机制，统筹协调思政工作、制定各项任务分解方案、重点攻关项目与改革试点、制定工作进度表，进一步完善育人制度，全面推进思想政治工作一体化建设。

经过各高校对全方位育人的实施探索，已有部分高校的全方位育人工作已初见成效。虽然各高校的全方位育人工作有了一定发展，但仍有许多不足之处，全方位育人工作仍然任重道远。

三、存在的问题

（一）全方位育人内容和形式固化

超三成受访学生表示思政理论课有吸引力，而其余学生认为课程吸引力不高的最主要原因是"大班教学，师生缺乏情感互动"。当问及"您认为思想政治理论课对您的吸引力"时，超三成（31.64%）受访学生表示有吸引力，其中认为"非常大"的比例为15.95%，表示"比较大"的占比为15.69%。此外，选择"一般"的受访学生比例为54.51%，仅有13.86%的受访者选择了"不太大"。

进一步追问受访学生"吸引力不高的主要原因"时，可以发现，最主要原因是"大班教学，师生缺乏情感互动"，其次分别是"教师水平不高，照本宣科""教材脱离实际，教学方式落后"。

专业课教师对思政教育元素的挖掘尚不到位。当询问"在学习专业课时，专业课教师是否能很好地结合本专业课程或授课内容有计划有准备地挖掘专业课程中的思政教育元素，并对您进行相关教育"时，认为效果"好"的受访学生比例为36.47%，其中表示"效果很好，能实现润物无声之效"的比例为17.39%，认为"较好，能帮助学生树立正确三观"的占比为19.08%；认为效果"不好"的受访者比例是30.07%，其中认为"较差，育人元素融入不到位"的占比为23.4%，表示"无任何效果，只是走形式"的仅占 6.67%；选择"一般，存在硬融入现象"的比例达 33.46%。这说明目前专业课教师对本专业课程或授课内容中的思政教育元素的挖掘尚不到位，不能较好地有机融入现阶段课程教学过程中。

由此可见，无论是思政课程还是课程思政均存在适应性不强的问题。育人内容和形式存在一定的教条与固化现象，未能实现同向同行、协同育人的育人新模式。当前高校各学科教学课程内容与育人工作的开展出现了不匹配、不适应的情况，难以实现育人根本目的。经本次与部分大学生深入沟通了解发现，绝大多数仅依靠专业课教师挖掘育人素材来实施课程思政，未能从教材开发、教案设计、课程标准等方面及时跟进；传统课程内容普遍具有极强的学术性和强逻辑表述，与思维活跃、个性鲜明的大学生形成强烈反差，打压了部分学生的积极性，导致部分学生缺乏兴趣，被动接受。

（二）全方位育人资源不充分

学校管理人员和后勤服务者对学生的关爱程度有待提升。在学校日常生活中，"始终"感受到学校管理人员或所接触到的各行政老师关怀的比例为 16.47%，表示"经常"的比例为 23.92%，而选择"偶尔"的受访学生占比为 29.67%，还有 29.93% 的受访者认为"从来没有"，可见学校管理人员或各行政老师对学生的关爱程度有待提高。

当受访学生遇到困难向后勤服务者求助时，近四成（38.43%）的后勤服务人员"总是热情帮助"，"偶尔给予帮助"的比例为 52.68%，"总是漠不关心"的占比为 4.97%，仅有 3.92% 的学生表示自己"没有求助过"。

超七成受访学生认为校园环境、校园文化氛围会对大学生的思想政治教育起到积极作用。近四成（38.04%）受访学生对"校园环境、校园文化氛围会对大学生的思想政治教育起到积极作用"观点表示非常赞同，选择"赞同"的比例也高达 33.86%，选择"一般赞同"的受访者占比为 13.99%，而表示"不赞同"的比例为 7.84%，仅有 6.27% 的受访者认为自己不知道 / 不清楚。

在所读学校现有的思政教育资源上，受访学生认为最多的资源是"可感性资源"（85.49%），其次分别是"可视性资源"（77.12%）和"可悟性资源"（52.55%），"没有感受过"的受访者比例仅为 15.82%。

育人资源的开发是进行思想政治工作的重要手段，也是全方位育人工作开展的前提和保障。调查结果显示，目前全方位育人工作在育人资源开发和载体资源运用方面存在明显不足。

（三）全方位育人覆盖面不广

超三成受访学生能感受到"时时育人、处处育人"的思政氛围。超三成（34.38%）受访学生表示"感受很强"，认为"感受一般"的比例为57.25%，而表示"没有感受"的受访学生比例仅占8.37%，可见仍有部分学生未能感受到"人人育人、事事育人、时时育人、处处育人"的生动局面。

当代大学生接受良好思想政治教育的主要途径是"课堂教学的影响"（94.9%）和"校园文化的影响"（80.39%），其次分别是"网络媒体的影响"（69.41%）、"家庭教育的影响"（67.84%）和"社会实践的影响"（66.67%），而选择"其他"的比例仅为2.09%。

1. 社会层面

当问及"您在所在省份、地市的图书馆、纪念馆、展览馆等公益性社会场所里，是否能感受到教育氛围"时，超三成（33.99%）受访者认为"收获很多"，表示"感受一般"的受访者占比为49.02%，还有16.99%的受访学生认为"感受不到任何思政教育氛围"。

在党史学习、参观红色教育基地等社会实践活动后，超九成（92.94%）受访学生表示能极大地提升大学生思想政治教育的实效性，其中选择"很大提升"的比例为44.44%，选择"较大提升"的占比为48.5%；认为"效果一般"的比例为4.31%；还有2.75%的受访者表示"无任何效果"。

社会负面事件对大学生的"三观"有重要影响。近五成（48.76%）受访学生认为会产生"很大影响"，超三成（36.21%）受访者表示会产生"较大影响"，认为有"一般影响"的比例为9.28%，而表示"无任何影响"的比例为5.75%。

党的十八大以来，一批批弘扬时代风尚、饱含正能量的模范集体和先进人物涌现出来，在全社会树立了价值新标杆，提供了强大精神力量，成为建设伟大工程的旗帜。超四成（42.75%）受访学生认为当前向榜样学习的社会氛围浓厚，超三成（36.34%）受访者表示向榜样学习的社会氛围欠缺，还有19.87%的受访学生认为自己几乎没有感受到过向榜样学习的社会氛围，而表示"不清楚、不了解"的比例仅为1.05%。

英雄模范、时代楷模所具备的优秀品质与爱国奉献精神，具有鲜明的示范导向作用。学习先进模范可以帮助大学生提高自身修养，塑造乐观的精神品质，推动社会文明不断达到新高度。在了解了一些榜样的英雄事迹后，超五成（52.94%）受访学生认为对自己的学习及生活产生了很大影响，认为有"较大影响"的比例为35.03%，而表示有"一般影响"的比例为10.07%，仅有1.96%的受访者表示"无任何影响"。

当前，大学生在社会实践方面的思政教育工作还存在较大的提升空间。超四成（45.36%）受访学生认为对社会实践中的思政氛围"感受一般，仍有较大进步空间"，表示"感受强烈，没有需要改进的地方"的比例仅为11.24%，认为"感受很多，仍有部分地方需要提高"的受访者占比为20.65%，而明确表示"没有任何感受"的比例为22.75%。

2. 家庭层面

家庭教育对大学生成长成才具有深远的影响，当询问受访学生"当前家庭教育存在的最主要问题"时，"家庭教育与学校教育、社会教育脱节"（78.3%）和"缺乏行之有效的教育方法"（75.69%）是受访学生认为当前家庭教育存在的两大主要问题，还有61.96%的受访者表示"重智育轻德育的教育理念"现象也比较突出，而认为"家庭教育效果良好"的比例仅为11.11%，还有9.54%的受访者选择了"其他"选项。

目前不少父母欠缺合适的家庭教育方式。"父母经常埋怨责备你所做的错事"（30.85%）是受访学生认为父母最常用的教育方法，其次分别是"耐心讲道理，告诉你应该如何做"（27.84%）、"父母在生活中能以身作则，并在社会实践中教育孩子"（20.13%）和"放任自由"（12.94%），而选择"其他"选项的比例为8.24%。可见在目前的家庭教育中，不少父母的教育方式还较为简单粗暴，未采用科学合理的方式与子女进行深入沟通。

家庭教育对大学生的影响是持久而深刻的。在家庭环境中，大学生认为实现良好家庭教育的最主要影响因素是"父母的思想道德素质"（81.96%），其次分别是"父母的知识文化水平"（73.73%）、"父母的社会行为（家风家教）"（63.79%）和"家庭的氛围"（54.25%），选择"其他"的比例仅为4.58%，可见父母思想道德素质是实现良好家庭教育的关键。

近六成（59.35%）受访学生表示自己家有家风家训，其中超四成（40.92%）受访者表示"有，但不清楚具体内容"，还有18.43%的受访学生认为"有，且明白具体内容"；表示"不清楚有没有"的受访者占比为16.86%；明确表示"没有"的受访学生比例为23.79%。

调查显示，在全方位育人过程中除学校以外其他育人空间领域的参与缺乏普遍性。众所周知，校园第二课堂、家庭、社会、企业对于大学生思想政治教育的影响力是深刻且持久的，但是这些影响因素还未能与育人工作高度契合、有机融合，存在脱节、断联状态，未能实现有机整合和相互配合协同育人。全方位育人工作要求中的全覆盖、立体式教育核心要点未能有效实施。调查显示，未能实现育人空间全覆盖，施教主体、内容、资源缺乏有机整合，极大程度地影响了全方位育人的运行效果。

（四）学生主观能动性不强

1. 自我教育意识薄弱

自我教育意识是大学生进行自我教育的前提和保障。通过本次调查，发现大部分大学生对自我教育有一定认知，但普遍缺乏自我教育意识，本次受访学生进行自我教育的频率较低，在进行自我反省、自我调节、自我管理等类似自我教育方面，超五成（51.63%）受访学生偶尔进行，"始终"进行的比例仅为5.88%，而表示"经常"的受访学生为33.2%，还有9.28%的受访者从不进行自我教育。

2. 自我教育方法单一

好的方法是成功的一半。在进行自我教育的方式上，"理论学习"（75.16%）和"实践锻炼"（70.85%）最受大学生的青睐，其次分别是"朋辈交流"（62.48%）和"师长引导"（33.2%），而选择"其他"的比例仅为5.1%。数据表明，当前大学生自我教育方法比较单一，大学生未能熟练应用师长引导、朋辈交流或其他方法。

3. 自我教育能力不足

受访学生认为自己在自我教育方面存在的两大主要问题是"自我教育动力不足"（79.35%）和"缺乏自我教育习惯"（75.69%），其次分别是"自我控制能力薄弱"（64.97%）、"自我认识评价欠缺"（61.7%）和"其他"（3.01%）。由此可得，部分大学生缺少基本的自我教育内在认同感，在自我教育能力方面还存在很多问题，这些问题都严重限制了大学生进行自我教育。

基于大学生自我教育方法单一的现状，思想政治工作者应该积极引导大学生进行自我教育，采用更多更全面的自我教育方法，实现自我教育目的。因此"培养学生独立思维"（75.16%）和"发展自我教育文化"（76.08%）是受访学生希望思想政治教育者能够做到的，其次分别是"提高网络思想政治教育功能"（60.65%）、"注重和学生交流互动"（56.47%）和"在实践中加强指导"（39.48%），而选择"其他"的比例仅为3.01%，这说明学生更愿意通过提高自我能力的方式完成自我教育，引导大学生自我教育时应充分尊重和理解学生需求，激发学生自主发展。

四、存在问题的原因分析

（一）传统思想政治工作机制的影响

当前思想政治教育工作机制主要还是以传统思政教育为依托，全方位育人工作处于失衡或刚起步阶段。一方面缺乏整体性和系统性建设，多数高校虽开始重视育人工作，但未能深入了解各级部门工作实际，一味采取"自上而下"的命令式领导方式，上级部门发布任务式政策与要求，下级部门负责执行，长此以往造成各级部门、各类思想政治工作者的有效意见和反馈得不到回应，工作积极性降低，而有些高校为了培养所谓的"高层次人才"发布了一系列硬指标，使得各级教职工逐渐向功利主义、重智轻德等方向发展，从而逐渐轻视"德育"等软指标的顶层设计。无论是资源投入还是人员投入，均停留在"喊口号、拉横幅"阶段，使得育人工作顶层缺乏设计。

另一方面各个工作部门之间未能构建协同机制，呈独立、单一化状态，影响了各个部分育人功能的发挥。在思想政治工作队伍中，各个部门的职责和使命不同，相互之间虽有工作交集，但缺乏深入交流的意识。由此导致，全方位育人工作规划中，由主要领导小组召开会议、规划任务，但各个主要执行部门、人员队伍之间没有形成系统而顺畅的协作机制。

（二）全方位育人工作效果欠佳

1. 全方位育人意识滞后

近几年来，各大高校都纷纷实施"三全育人"综合改革方案，但当前部分育人工作者对全方位育人本质认识不足，尚未树立较为完善的全方位育人理念。其对全方位育人的内涵本质的理解尚停留在表层，在日常的教学、管理和服务过程中多数仍保留传统理念和工作流程。全方位育人工作能极大提高大学生的核心素养。因此施教主体必须深刻认识到全方位育人工作的重要性，强化全覆盖、全领域育人的价值认同。同时，随着社会的不断发展，全方位育人工作中的"全方位"也会随着时代的变化而不断丰富内涵与外延，但仍有部分育人主体对全方位的立体化、全覆盖性的把握不够准确和全面，难以从内心真正认同全方位育人工作的本质和关键，从而造成人才培养方式略有偏差。

2. 全方位育人体系不完善

部分高校对全方位育人概念把握不准。虽然各高校都已发布本校"三全育人"相关政策和具体任务，但在高校整体运行中，全方位育人在财力、物力和人力投入上存在不足。另外，受传统应试教育的影响，教育效果往往依靠考试分数来衡量和评价，因此思想政治教育的过程和效果无法量化，造成思想政治教育流于形式化、表面化。此外，高校对全方位育人工作的宣传和执行仅仅停留在校园内部，真正的"全方位"育人环境氛围还未能营造出来。若以高校为主导的全方位育人工作仅仅局限在校园内，社会、企业、家庭还保留传统教育理念和模式，对全方位育人理念的内涵了解甚少，未能实现紧密对接合作，又何谈全方位育人。

（三）社会大课堂育人功能不足

1.社会环境的复杂性和错误价值观的影响

近年来我国经济发展取得了辉煌成就，在社会转型时期，一些错误的认识和价值观倾向逐渐腐蚀着学术界以及科学殿堂。受经济全球化的影响，社会上逐渐出现了"拜金"、"拜权"以及现实主义等不良之风，部分大学生意志薄弱，在各种思潮和纷繁复杂的互联网信息的影响下，逐渐迷失了自我，共产主义信念发生了动摇；娱乐圈明星人设的崩塌、线上直播翻车等社会热点事件，极大地冲击了大学生的思想价值观念。

2.缺乏协同育人合作机制

对大学生进行全方位育人的过程中，要全面覆盖育人领域，就要力图构建社会、家庭以及高校之间的协同育人机制。全方位育人是一种系统化、制度化的培养体系，需要从国家层面到各个部门（包括高校各单位）制定相应政策与制度规范，需要家庭、企业乃至各行各业都积极响应，主动配合，但目前很多单位和部门仅仅停留在"喊口号、拉横幅"的阶段，缺乏指导性和实际性的引领和具体实施方案。育人成效难以量化评价，导致政府、企业和高校对人才培养质量难以客观评价和考核。对育人成果的评价监督缺乏系统完善的机制，造成社会大课堂的教学效果大打折扣。另外，部分社会风尚与育人培养目标要求存在一定偏差，例如立德树人要求大学生要坚持以德为先，这与社会上存在的部分功利主义价值观相矛盾，全社会共同支持全方位育人的局面暂未形成。

（四）家庭教育有待提升

1.家长的家庭教育意识有待提升

虽然每位家长对子女的初衷、本心都是好的，但是每个家庭、每位家长因为素质、能力的不同，会存在不同差异。

部分家长处于"人到心未到"的状态，认为能按时为子女提供物质支持即可，缺乏对子女思想上、心理上的育人内在职责。部分家长认为只要将子女送进学校自己的使命就完成了，而对子女的培养则是学校老师的事情。还有部分家长认为子女已经成年，可以不用再进行教育了，导致对子女的心理状态、学习生活情况一无所知，缺乏最基本的家庭教育意识。

2. 家长的家庭教育能力有待提高

部分家长处于"心到力不足"的状态。在家庭教育中，家长受自身文化水平和教育视野的限制，加之传统家庭教育观念的影响，部分家长的教育方式简单粗暴，家庭教育能力与水平有待提高。经本次与受访学生沟通，发现很多家长都采取曾经所接受的教育方法来进行家庭教育，例如权威教育、命令主义等滞后陈旧的教育方式；家长们还普遍采取物质奖励的方式来刺激子女只注重高分、名校，忽视德育，或是溺爱子女，造成子女在生活中逐渐出现攀比、虚荣的心理状态，这些错误的教育观念和方法都会给子女造成极大的精神压力、学业负担，或误导子女树立错误的价值观，不仅使家庭教育效果微弱，还致使学校教育、社会教育成效减弱。

（五）大学生自我教育能力尚须提升

主观能动性因素是大学生进行自我教育的关键。如今部分大学生还存在自我教育水平偏低、自我评价不清晰等问题。这些问题限制了大学生自我教育能力与水平的提升。

1. 自我教育水平偏低

作为"00后"大学生来说，成长阶段始终伴随着应试教育、培训教育，普遍都以掌握更多专业基础知识为目标，未能发现自我教育对提升自身素质和能力的重要作用，加之一直缺乏科学合理的指导，造成自我教育观念滞后，忽视自我教育，自我教育水平偏低。另外受社会负面因素的影响，部分大学生缺乏理想信念和人生追求。调查结果显示，目前绝大多数大学生还是保留传统的自我教育方法，师长引导、朋辈交流的形式不够普遍，大学生受时代和个性发展的影响，变得不愿意跟老师、同学等交流，导致自我教育方式方法不丰富，影响了自我教育效果。

2. 自我评价不清晰

从心理学角度讲，良好的自我评价会帮助个体协调自身，获得自我认同感。调查结果显示有部分大学生在实现人生目标的过程中，不能正确认识自己，自律意识薄弱，这就限制了大学生自我教育目标的确立及对自我教育的明确认知。例如，一些大学生对生活品质要求偏高，不能客观认识自我，自我定位不够准确、全面，导致自身时常处于焦虑、抑郁等负面情绪中，自我满意度不断降低，从而产生心理冲突，很大程度上阻碍了学生的自我引导、自我反思。还有部分大学生受消费主义、追求潮流、超前消费思想的影响，过度消费、报复性消费，在这个过程中逐渐迷失自我，丧失了自我教育意识与能力，严重影响了自我教育的进行。

第三节　全方位育人视角下大学生思想政治教育的对策

一、遵循全方位育人的总体要求

（一）以立德树人为根本

立德树人是我国教育事业的根本任务，这也是全方位育人的根本出发点。党的十九大报告中把"要全面贯彻党的教育方针，落实立德树人根本任务"摆在关键处。在全方位育人的过程中，必须坚持以立德树人为原则，把实现铸魂育人任务贯穿于、落实在育人的全过程，这也是实现大学生全面发展的前提条件。因此，高校在办学治校、教书育人的人才培养过程中，必须坚持把立德树人这一根本原则放在中心位置、中心环节。教育的各个环节、各时空领域都要紧紧把握立德树人这个中心原则，做到空间、时间、内容都无遗漏。

（二）以育人规律为遵循

马克思主义理论体系指导我们，虽不可创造规律，但人们可以通过改变规律发生作用的具体条件来改变规律发生作用的形式。2019年召开的学校思想政治理论课教师座谈会上，习近平总书记深刻总结了思想政治理论课建设长期以来形成的规律性认识和成功经验，提出"八个相统一"要求。这些重要论述，进一步明确了思想政治工作规律、教书育人规律和学生成长规律等育人规律对办好学校、培养时代新人的重大指导意义，为深化全方位育人提供了重要遵循和行动指南。因此我们可以把握"三大育人规律"的内在联系和作用形式以此提高全方位育人的实效性。

（三）以培养时代新人为使命

面对日趋复杂的国内外形势，人才已经成为实现民族振兴和长远发展的战略储备资源，未来中国社会的价值取向是由大学生的价值取向所决定的，如习近平总书记所言，要扣好人生"第一粒扣子"，这是我国实现中华民族伟大复兴的前提和重要保障。从习近平总书记的《论党的宣传思想工作》一书中可以认识到，宣传思想工作是做人的工作，要着力培养能担当民族复兴大任的时代新人。习近平总书记用形象的比喻和精练的经验总结凸显了培养时代新人的关键目标和重要内容，思想政治工作者就要适应新时代、新形势，在培养时代新人这个重要使命上实现创新发展。

二、构建与完善全方位大学生思想政治教育长效机制

构建与完善全方位大学生思想政治教育长效机制，是当前全方位育人工作开展的基础保障，也是满足人才培养需求的关键工作。

（一）构建"大思政"育人格局

"大思政"这一概念通常指的是一体化领导、专业化运行以及协同化育人的思想政治工作理念和体制机制。

1. 抓好顶层设计

完善顶层设计是构建"大思政"育人格局的根本和关键。

第一，由各高校党委牵头成立领导小组，统筹规划、全面部署，稳步推进育人工作。依据各项会议精神、政策文件在总体上明确符合本校实际的育人整体思路，构建"大思政"格局。

第二，协同所有部门的育人力量，打通全方位育人纵向环节，全面深化改革，推进依法治教，为提升育人质量提供政策指导、实施依据、激励措施。由主要负责人担任组长领导小组班子，将全方位育人工作与教学、管理和服务等工作同时部署、同时评估、同时监督，在落实全方位育人过程中建章立制，切实做到有据可依，实现同向同行、多维协同。

第三，细化校内各单位任务要求和工作目标，明确责任清单，围绕机制创新、组织建设、任务分工等环节制定实施细则，健全完善"十大育人"体系，聚焦"第二课堂"、课程思政、文化环境、社会氛围、网络课堂等方面，统筹构建"大思政"格局，定期反馈、总结不足，努力构建完善的一体化育人体系。

第四，高校要做好"领头羊""牵头群"的共育工作，通过完善顶层设计、强化政策保障，推动校企、家校社等多领域协同，实现育人空间全覆盖、育人力量互联互通，努力打造育人共同体，强力促进育人工作创新发展。

2. 坚持育人资源整合

坚持系统整合育人资源、健全融会贯通机制。一方面要最大限度挖掘校内育人资源，极力挖掘课程、科研、实践、文化、网络、心理、管理、服务、资助、组织十大领域中的育人资源，促使各领域育人资源同向同行、协同共进，由此构建一体化"大思政"格局。另一方面还要跨越时空限制，有效挖掘整合校外育人资源，实现深度融合与有机互动。加强与政府、社会、家庭以及学生自身的沟通联系，打破各育人领域壁垒，打通育人盲区与断点，将校园内的思政课堂向校外无限延伸，将育人领域延伸至大学生能接触到的学校、社会、家庭层面，深挖育人资源，形成育人共同体，推动育人工作走实，以保证最佳育人效果。此外，在促进线上线下相融合的过程中，充分利用资源的高效配置和综合集成，建立起网络思政、智能课堂等大数据背景下的育人新系统。

3. 优化实施路径

大学生思想政治教育实施路径虽并不仅局限于某种模式或模板，但全方位育人工作的开展离不开先进理论的指导与实践经验的总结。要优化育人实施路径，深入推进全方位育人工作改革，就必须结合当前国内外发展态势和我国建设人才强国的新要求，学习优秀案例、育人经验，以点带面、点面结合，进一步明确改革方向与路径，切实提高大学生思想政治教育整体水平。本次调查的三所高校已被列为第一批全区高校"三全育人"综合改革示范校。应将各高校经验总结与示范推广有机结合起来，鼓励各高校发挥自身优势，对实践经验予以总结、凝练与提升，从机制建立到实践探索，加强对大学生思政教育的优化路径分析，最终形成符合本校实际的可转化、可推广的育人模式，从而进一步增强全方位育人的精准性和实效性。

（二）构建完善高效的育人运行保障机制

健全制度保障体系。只有高要求打造制度保障体系，才能激活思想政治工作的内生动力。全国各地各高校要深入贯彻落实党中央统一部署，根据各项改革项目中明确的建设标准，立足全方位育人思路，发布符合本校实际的制度文件，强化构筑课程思政、文化育人、环境育人、实践育人、网络育人等全方位思政工作格局，形成符合本校特色的全方位育人标准体系，推动育人工作大优化、大提升。

加强人才队伍建设。要建立健全大学生思想政治教育保障机制，就要先建设一支满足全方位育人要求的领导队伍、管理队伍、教师队伍、服务队伍、学生骨干队伍等，为提升育人质量提供人才支撑和智力保障。高校要树立科学严谨的用人观，优化育人队伍结构，"以老带新、以新促老"，精准培育后备力量。高校要加强教育培训，提高所有育人主体的政治觉悟、理论认识，坚持将最前沿的育人理念、教育技能等传授给教育者，以此形成新队伍、新力量，确保育人队伍实现最优配置，推动育人工作出新出彩。另外，还要注重开展学生干部队伍培养，提升学生干部的综合素质，提升学生干部的管理、工作能力，重点发掘学生干部队伍的协助育人作用，高效发挥示范榜样与团结凝聚作用，强化育人效果，进一步保障育人质量。高校还可以积极发挥党政领导、专业教师、辅导员等教育主体形成的"三支队伍"的中坚力量，整合和带动全校、家庭乃至全社会的力量，进一步在学校、社会、家庭以及学生之间建立联动机制，发动社会各行各业先进工作者、创业实干家或道德模范先进个人等社会力量开展思政教育，努力形成全员参与、协同育人的强大合力。

强化经费保障。无论是高校的资金投入还是社会、企业的资金投入，都是全方位育人顺利开展的物质保证。要保障全方位育人工作的实效性，就必须加大资金投入，进一步强化经费保障。思政教育专项资金纳入年度预算，完善相关基本配套条件，做好资金和后勤保障，这是保障各高校顺利开展育人工作的必要前提。可以通过开展补贴活动和业务经费等办法，对凡是在思想政治工作中做出一定成绩或所做工作具有推广价值的，予以一定工作项目经费支持。还可以通过建立优秀院友返校日等活动，增进校友对学校的归属感和荣誉感，鼓励校友给予在校学生专项活动资金支持、就业支持和信息支持，以此方式确保全方位育人工作顺利开展。

（三）构建科学合理的育人评价反馈机制

高校应当牵头建立健全学校、社会、家庭以及企业共同参与的全方位育人考核评价机制，协同配合大学生人才培养质量评价机制的构建，常态纠偏、稳固育人成果，提升育人质量。

加强全方位育人工作评价机制建设。科学合理、贴合实际的评价机制是实施全方位育人的关键。要不断健全监督考核评价机制，以实现育人的全方位渗透为目标，对照"十大育人"体系，高校各级部门、各级领导、各教职工对照育人责任清单，明确育人职责，有关部门、负责领导小组定期对育人主体的育人实施情况、育人成效进行监督检查，加强完善过程性监督考核。要坚持完善量化评价指标体系，针对各部门、各岗位教职工等不同主体单设指标，为育人工作的实践推进形成重要参照。将人才培养质量作为各单位以及个人聘用选拔、阶段考核、评奖评优的重要参考依据，为大学生思政教育的"科学供给"提供保障。另外，还要进一步健全激励机制，加大对育人实效好的单位和个人的表彰力度，激励其带动全体教职工积极参与全方位育人。

建立健全思想政治工作反馈机制。反馈其实是对育人效果最直接、最直观的客观反映，可以依据课堂教学效果、校内第二课堂以及校外实习基地、社会普遍评价等多渠道的反馈，开展针对性整改与补足短板弱项，将育人工作整体推进，将现实需求及时寓于全方位育人环节上。另外还要建立最基本的信息反馈闭环，高校要建立育人效果的信息反馈环路，可以采用专题培训、研讨或专项检查、督导的方式方法，各个岗位、二级单位将信息及时反馈给主管部门，主管部门收集、分析反馈信息后，开展专项指导，切实提高人才培养质量。坚持引领与反馈相结合，实现对育人动态信息的有效传递，通过对育人各环节做出实事求是、客观准确的调查研究与信息反馈，更好地了解和掌握育人工作进展情况，精准评估育人优势与短板，对思想政治工作及时纠偏，推动机制科学化、制度化，全面落实育人目标与要求。

建立全方位跟踪调查机制和学生成长全过程反馈系统。要致力于形成全社会都关心与支持大学生思想政治教育工作的局面，由高校牵头积极与社会、企业、家庭方面建立联系，建立广泛的交流讨论平台，及时反馈与研究，系统总结各个领域与不同岗位的具体操作方案，提供育人方法、途径帮扶指导，进一步完善反馈内容与反馈指标等，拓宽育人领域，加强交流。各高校要根据自身实际制定科学合理的育人标准和人才培养目标，收集来自校外育人实体、育人基地的意见与建议。作为"领头羊"，高校还要对社会、家庭、企业等场域的育人工作情况及时跟进、指导、支持，激励各方育人领域主体都实质性地深度参与其中，并定期向社会、家庭以及企业等育人实体发放毕业生跟踪调查表，通过信息反馈，及时收集毕业生成长成才等情况。本次所调查的三所高校均通过发放调查问卷、座谈、现场讨论和与用人单位沟通协作等方式，为专业教学、培养时代新人提出反馈意见。

三、充分发挥高校思想政治教育主阵地优势

加快实施全方位育人是当下高校加强思想政治工作的必经之路。无论是延伸育人空间领域还是构建"大思政"格局，都需要以高校主场地、主阵地为地基，在建强主阵地、筑牢主心骨的基础上，协同社会、家庭等育人空间开展全方位育人工作。

（一）发挥思想政治理论课的主渠道作用

从全方位育人的目标要求来看，应从其教育主体、教育客体、育人载体等多方面进行，要做好新时代育人工作，提高新时代人才培养质量，就必须抓好思政课这一主渠道，守好育人主阵地。

1. 强化教师的使命担当

思政课是落实立德树人根本任务的关键课程，思政课的作用不可替代，思政课教师队伍责任重大。一系列的重要论述高度肯定了思政课教师的重要性，明确了思政课教师是切实提高思政课质量的关键，承担着铸魂育人的时代重任。

2. 增强思政课的思想性、理论性

增强思想政治理论课的思想性、理论性就是要补足精神之钙，强化理想信念教育。新时代以来，思政课的一项重要任务，就是要大力提高"用学术讲政治"的能力和水平，就是要始终坚持引导大学生坚定共产主义的理想信念、坚定对实现中华民族伟大复兴中国梦的信心。在思政课的教学过程中要以透彻的学理分析回应时代热点，以彻底的思想理论说服学生，用强大的真理力量培根铸魂。

3. 增强思政课的亲和力、针对性

增强思政课的情感感染力和话语亲和力。首先，在思政课堂上要注重情感渲染，既以理服人又以情动人，注重激发学生深厚的家国情怀，在讲好中国故事、身边故事、自身故事的过程中，不知不觉地让大学生收获春风化雨的灵魂洗礼。思政课教师要充分发挥主体性和创造性，制定鲜活生动和个性鲜明的教学方案，因材施教、因地制宜，让思政课接地气、入人心。其次，改变以往课堂灌输型的教学模式，提高话语亲和力，创新以案例教学、情景再现、小组沟通讨论为代表的教学模式，给学生充分表达自我的机会，多从学生角度出发，寻找师生情感共鸣，在良性互动中实现思想引领和价值培育，进而提升育人实效。最后，通过强化社会实践活动来促进学生对思政课的感悟体验，在现实生活中检验思政理论话语的真理性与可信性，用富有感染力和亲和力的话语表达增强思政课本身的感染力，不断满足学生的精神需要，彰显思政课强大的魅力。让大学生"乐在其中"的同时，明确自身在社会发展中所肩负的历史重任。

要提高思政课堂的针对性就要注重将思政课跟现实结合起来。要始终坚持"内容为王"，推动思政课的"供给侧"改革，改进思政课传授方法，有针对性地挖掘时代元素，融合当今时代热点，推进立德树人工作。要不断丰富教学方式、教学手段、深化教学改革。上思政课不能没有生命地拿着文件照本宣科，要把握学生身心成长规律，注重结合新技术手段，新媒体与大数据应用相结合，将枯燥无味的理论渗透在生动的现实案例中，利用案例式、互动式、沉浸式的教学形式，让没有生命的课本体现在动态的情景、案例中，实现情景化、可视化、可感化的思政课教学。在课堂上善于用马克思主义基本原理和理论分析社会发展中的实际问题和热点问题，回应学生关注的时政热点，引导学生用马克思主义立场、观点和方法论观察、分析和处理实际问题。近年来，有很多高校的思政课之所以能得到学生的追捧和喜爱，制胜法宝之一就是紧紧抓住了学生成长道路上的困惑与瓶颈、现实需求以及社会热点问题，引导学生如何树立正确的"三观"、如何用心做事、如何看待社会热点问题。教师应从学生角度出发，引领学生通过社会实践了解国情、社情、民情，不断增强学生的"四个自信"。此外，还要注重使用启发式教学，锻炼大学生思维、实践与探究能力，启发学生养成自我教育的习惯。

（二）增强课程思政育人效果

课程思政是高校开展协同育人的主要途径，课程思政影响着民族复兴与崛起甚至决定着国家的长治久安。在育人过程中，要充分发挥课程思政中道德育人、政治育人的功能，所有课堂需要担负起育人的责任，在课堂中凸显育人功能，在不断探索和实践中丰富课程思政育人内涵，打造全方位、多层次、立体化的课程思政新体系。

教师要成为大先生，做学生为学、为事、为人的典范，促进学生成长为全面发展的人。基于课程思政的教育理念，将立德树人渗透于专业课程的教学中，实现多门专业课程与思政课同向同行，引导大学生树立正确的"三观"，使大学生在面对多元化诱惑与陷阱时，能抵制错误思想观念，做出正确抉择。教育部于2020年5月底印发了《高等学校课程思政建设指导纲要》，对全国高校课程思政建设做出全面部署，各地各校纷纷出台实施方案，课程思政建设取得显著成效。但也出现了一些不容忽视的问题，例如存在一定的"重智轻德""重教书轻育人"不良倾向，专业课教师课程思政育人意识和能力还需要进一步提升以及课程思政教学实践中还存在"表面化""硬融入"问题，严重影响了课程思政的规范化。

（三）提高管理、服务育人水平

高校的思想政治工作，不仅体现在课程教育、校园活动中，还体现在精细管理和贴心服务中。将育人工作寓于学校管理、服务工作全过程，多方联动，全方位施策，以润物无声的方式增强教育魅力，全面打造管理、服务育人新空间。高校的正常运行主要依靠教学、管理、服务三大职能部门展开，高校内部有着职责分工和功能定位不同的各个部门，每个部门职能划分明晰。因此这也导致了一些管理部门和服务部门的认识：认为学生的思想政治工作与自身关系不大，主要是辅导员、班主任的工作职责。对大学生的教育要实现聚合互动、全程贯通、全方位供给，就必须强化教学、管理、服务育人意识，以学生需求为导向，协同联动，打造育人新阵地，丰富育人新途径、新方法，全方位打造有温度、有深度的育人空间，切实增强育人实效。因此，当前必须全方位深度挖掘高校各部门各岗位潜在的育人资源，整合高校内部教育资源，对所有教职工的育人职责进行梳理，坚持在教学育人的同时实现管理育人、服务育人，在各部门之间、岗位之间破解育人壁垒、连接育人断点，打通育人"最后一公里"，使三大主要职能部门充分发挥好自身的长处，成为思想政治教育的积极力量。

将高校育人工作与管理工作相结合，把教育融入学校管理之中。首先，高校管理人员要不断提高思想觉悟，谨记"管理也要育人"理念，牢记育人使命。在工作中，转变管理理念，提升自身素质，规范自身言行，做到精细管理。自觉遵守学校章程和各项规章制度，注重强化理论武装，不断提升自身的思想政治素养。其次，高校管理者在工作过程中，要以自身的实际行动和优秀道德品质，育人匠心处、润物细无声，提升高校管理育人成效。在日常工作中管理者必须以身作则、率先垂范，为作为被管理者的大学生树立优良的道德行为榜样。最后，管理者还必须在日常的管理工作中以科学理论为指导，努力提升业务水平，探索管理育人新做法、新途径。管理者要始终坚持育人为本、关照学生、服务学生，重视每位学生的特点及实际需要，关注每位大学生的思想状态及心理状态，在民主平等的校园环境中，营造美好和谐的管理氛围，不断改革创新，创造科学高效的管理模式，充分利用多元化的管理载体、科学化的管理方法，充分发挥管理育人功能。

将高校育人工作与服务工作相结合，把教育融入高校服务过程之中。服务部门有着其独特的育人特点和优势。宿舍管理人员以关怀学生之心，热心、细心、耐心地开展学生宿舍工作，让学生感受到家的温暖；食堂服务人员以艰苦朴素又积极乐观的形象每日出现在学生面前，以实际行动来感染学生；校园的园丁师每日吃苦耐劳、辛勤工作，以自身不断提升的高超技艺培养出形态各异、习性不同的花草果蔬，让每个物种都展现出最鲜活的生命……这些能直接展现在学生面前的后勤服务人员，以自身优秀的品质日复一日、年复一年地感染着身边的大学生，在关心帮助大学生的同时教育、感化与引导着他们。服务育人具有贴近生活、贴近实际和春风化雨、润物无声等显著特征，具有难以比拟的独特优势。这种独特优势，具有关键性的育人力量，能隐性地将思想政治教育因子融入大学生生活学习的方方面面，相比显性教学，更能触发学生情感、诱发学生思考。坚持"以生为本、严管厚爱、服务成长"的工作理念，整合全校优质资源，凝聚全校多方力量，积累成功经验和有效措施，推进管理、服务工作由供给导向转变为需求导向，强化服务育人实效；通过设立情绪发泄室、心理放松室、服务站等社区功能室，完善办学条件；通过定期举办特色专题沙龙和驻楼导师工作室等，打造育人综合体、营造浸润式思政环境。例如某师范大学以学生社区为阵地，贯穿"服务育人"这一主线，精心打造特色育人项目，如建立教师工作站，针对性开展安全教育、心理健康教育等活动，把思想政治教育工作寓于大学生日常生活全过程，坚持"空间共享、管理共治、环境共育"育人思路，致力于打造高品质育人新高地。

此外，高校还可以通过开设勤工助学岗位、学生党员助管岗位等管理或服务职能岗位提高服务育人实效。某电子科技大学每学期都设立勤工助学、学生助管等岗位，每年为经济困难学生提供近 900 个校内兼职岗位，以点带面，让更多学生参与到学校的正常运行中，扶贫、扶智、扶志相结合，激励学生自立自强，培养了学生为人民服务的意识同时，他们又能为学校管理部门、服务部门献言献策，提供有价值的建议和意见，提升了后勤管理部门和服务部门的工作效果。在该电子科技大学一年一度的饮食文化节暨学生代表座谈会活动中，让学生代表在饮食安全管理、菜品质量提升、美化食堂环境等方面提出建议与问题，既加深了学生对饮食文化和学校食堂的了解，又形成了广大师生与学校后勤部门的良性互动，更好地展现了后勤育人风采、开拓了服务育人新路径。

（四）营造全面、和谐的育人环境

全方位育人理念的提出，突出的是其空间维度，体现了"处处育人、时时育人"的理念。环境育人是全方位育人至关重要的组成部分，营造积极向上、崇尚道德、和谐融洽的校园环境是高校全方位育人的重要基础保障。要做好全方位育人工作，就必须坚持环境育人，打造良好的物质环境、精神文化环境、舆论环境以及网络环境，以此实现对育人时空场域的全方位渗透。高校应利用一切可利用的空间，营造育人氛围，注重文化浸润、感染、熏陶，做到"一枝一叶总关情，一心一意树好人"。

1. 全面加强物质环境建设

校园物质环境主要是指结合高校思想政治教育工作而创设或者形成的有关的基础设施。其具有多元化的表现形式，例如学校内部的自然环境、校园建筑、人物雕像等这种物化形态的、以实物展现出来的、直观的环境设施。

要加强校园环境和设施设备的建设。基础设施建设与校园环境是开展环境育人的物质基础和前提。要实现全方位育人中物质环境的育人功能，就要高质量打造重点工程，依靠教学的实际需要提高资源利用率，不断完善校园的各种设施设备，实现以文化人、以美育人。例如，在宿舍文化建设和图书馆建设方面，本着提高学生学习效率的出发点，做好宿舍安装空调及实验室等场所座椅更新等工作；从多个角度为学生着想，以此提供全方位的贴心服务。在此基础上，可以定期召开座谈会，开通留言渠道，多渠道接收师生建议与意见，在原有配套设施的基础上，不断提高物质环境品质，以高品质的物质环境加强对大学生的隐性教育，达到物质环境育人的最佳实效。

要加强高校人文景观环境建设。打造育人标准、使用标准与审美标准于一体的校园人文景观，加强对自然人文景观的规划和美化设计。除了通过最基本的名人雕像、英雄励志名言等形式，还可以结合高校自身条件，加大河湖景观、文化景观亭建设力度，形成更具教育性、知识性和观赏性的文化景观，打造校史馆、校园文化广场、纪念碑、模范人物事迹墙等，盘活每一类基础设施资源，筑牢育人阵地，全面营造风清气正、精致高雅的校园环境，以此净化学生心灵，锤炼学生三观。通过美化校园物质环境，利用全方位的育人载体，将办学方向、育人思想与内容汇聚其中，营造浓郁育人氛围，如此来启迪学生，创造具有鲜明特色的校园环境，打造全环境育人新形态。

2. 精心打造特色精神文化环境

精神文化环境是一种相对抽象的文化环境，一般是指高校在长期办学历程中所形成的师生共同认可并主动遵循的价值规范和思想道德准则。其表现形式同样多种多样，包括学校校风校训、学风、校园文化活动、图书馆文化、党团生活、社会活动以及集体舆论、心理氛围等。

要组织开展丰富的校园文化活动。打造特色校园，加大文化建设力度，拓宽艺术表达形式，打造特色文化品牌，在活动的开展中将思政元素嵌入其中，开展主题鲜明、五彩缤纷的校园活动。采取榜样模范事迹报告会、专题辩论赛、追求红色记忆等形式，定期举办学术沙龙、研讨会等学术活动，根据人才培养计划还可以定期邀请知名学者、业内专家举办高水平学术会议或论坛讲座。通过不同形式的文化活动，积极推进文化育人，对大学生产生深刻、潜在、持久的积极影响。例如某电子科技大学举办的创意文化节，某师范大学举办的校园学术科技节以及各种志愿服务、社会实践等主题教育活动，这些都对提高学生的创造能力起到了强化作用，高效引导了学生学而信、信而行。

注重思想政治教育仪式的育人功能。将思想政治教育内容渗透融入各种仪式中，通过特定的仪式议程与丰富的载体呈现出来，巧妙融合教育内容与思想内涵，便于参与者更易接受仪式所蕴含的价值与目的，使大学生自发形成对这种仪式活动的尊重与期待。发挥开学典礼、毕业典礼、抗战纪念日等仪式载体，以及社团活动、诚信承诺书等日常学习生活仪式的能量凝聚、情感归属功能，使仪式所承载的精神理念以及社会主流价值观直达人心，使大学生在仪式情境中获得心理体验、成长感悟，引发情感共鸣，产生认同感与自豪感。运用大学生喜闻乐见、行之有效的仪式教育方式，营造具有共同信仰的校园氛围，为开展大学生群体生活，继而坚实其思想基础提供前提。还要不断创新校园文化叙事语境和话语体系研究，通过创造各种"生活化"的礼仪活动，让大学生在这一过程中得到实践锻炼和学习，在体验美并创造美的过程中提升人文素养。

高校在进行精神文化环境的建设中，还需要特别重视显性校园文化环境建设与隐性校园文化环境建设相结合。一方面，将民族精神、时代精神、优秀传统文化有效融合在课程中，通过显性校园文化环境的建设，充分挖掘校内育人资源，开设中国精神类、中华民族优秀传统文化类课程，从而实现第一课堂的良性引领和教书育人功能，有效发挥课堂主渠道作用。另一方面，在隐性校园文化环境建设中，可以强化楼宇文化环境建设，建设多种文化艺术长廊，提升校区的文化艺术审美，强化寝室、食堂、办公室、公共场域载体的育人功能，注重文化地标、名人事迹等隐性资源的育人功能，积极引导大学生参与其中，以此来领略校园精神文化魅力，使师生时时刻刻得到文化精神的滋养，构建有深刻记忆、能引起共鸣的文化场景，以此激发他们为国家、为社会、为家庭奉献的热情和信念，达到"入芝兰之室而自芳"的境界。

3. 积极创设良好的舆论氛围

要提高高校对舆论宣传工作的认识，把握舆论导向。校园舆论环境建设是全方位育人的重要环节，在思想上必须高度重视校园舆论环境建设。在实现中华民族伟大复兴中国梦的过程中，校园舆论环境所发挥的育人功能与积极导向作用是深刻的、持久的。因此我们必须认识到加强宣传工作、构建良好舆论生态的重要意义。发挥校园舆论环境的积极作用，必须以马克思主义为指引，丰富教育内容，宣传报道积极向上的人物和校园实事，注重创立积极的校园舆论，营造清朗健康的校园舆论环境，为学生提供源源不断的精神动力。

丰富舆论环境载体。首先，加强课堂舆论环境建设，创造卓越的学习环境、和谐的教研环境和浓郁的学术氛围。对于教师来讲，一定要注意引导课堂舆论氛围，向大学生传播核心价值观与科学理性的文化知识，时刻关注学生的思想动向和价值取向，营造良好的舆论氛围。其次，要重视校园舆论基础设施建设，增强高校主流官方媒体的舆论导向作用。重视校园广播、电台等传统媒体与各高校官方公众号等新媒体之间的相互补充与配合。最后，要加强对舆情服务平台的管理，加强有效监管，弘扬社会主旋律，传播正能量，以对大学生产生正向价值引领。

要引导高校学生坚定文化自信。校园的文化自信氛围直接影响着环境育人的实效，思想政治教育要想获得普遍认可与高度认同，就要帮助大学生增强文化自信。文化自信作为思想政治教育的重要架构，辐射面广、感染性强，深刻影响着大学生的文化鉴赏与信息甄别能力。各育人主体都要做中华优秀传统文化的自觉传播者、建设者，还要成为最坚定的传承者和弘扬者。在大学生的校园生活中，将中国元素融入其中，时刻彰显文化自信，以减少西方社会思潮、消费主义、资本主义对大学生的消极影响。教育者要以创建全国文明校园、实施"三全育人"工作方案等为契机，树立文化自觉、强化文化担当，时时、处处增强文化底蕴，展现文化自信；通过极具亲和力与感染力的语言表达，提高中华文化的传播力和影响力，做好社会主义文化的创造性转化、创新性发展，培养大学生的文化自觉和文化自信。

4. 充分发挥网络文化的育人功能

网络时代的迅猛发展，给育人工作带来了深层次、颠覆性的影响与变化。一方面丰富了思想政治教育资源、创新了育人模式、拓宽了育人途径；另一方面也容易动摇大学生的价值观念，造成自由主义意识的泛滥以及道德行为规范的淡化。通过网络育人强化主流意识形态的凝聚力和向心力，是当前推动全方位育人工作的必然选择。

构建完善的网络舆论引导机制。只有善于运用网络传播规律，不断总结经验，才能形成正面舆论阵势。每当社会热点问题、重大事件发生时，思想政治工作者要利用各种网络平台、线上渠道，及时对其深入了解和分析，加强网络舆论引导，强化主流声音，将相关信息与教育内容相结合，利用主流媒体的影响力和感染力进行有思想、有价值的正面引导，推动网络环境自我净化，引领网络舆论朝着健康的方向发展。紧跟时代潮流，发挥校园多种媒体的优势，通过身边人、身边事，以疏通和引导的方式跟大学生平等交流。完善新媒体平台建设，善于运用网络宣传的隐性功能，从深度、广度、力度、频度加强主流意识形态的有效传播，努力提高主流意识形态的引领力、凝聚力与说服力。要加快网络舆论监管机制的构建，规范网络舆论反馈机制。及时抢占舆论话语权，预防舆论变异，确保反馈通道畅通，防止突发事件发生。通过建立本校意识形态网络舆情预警检测系统，高效应对网络舆情，整合网络舆论信息资源，把握网络舆论引导权，加强大学生思想动态分析管控，与公安、国安等有关部门联合监管，营造健康良好的网络舆论空间。

重视思想政治教育网络平台的建设与研究。新媒体信息技术的发展弥补了传统思想政治工作的不足与短板，全方位育人理念搭上了新媒体、新技术快车，让思想政治工作富于活力、增强了感染力。思想政治理论专题网站、官方自媒体账号、学习强国 App 等教育平台，率先占领育人制高点、打造了有温度的网络育人阵地。每一所高校都应根据学生的成长发展需要和个性特点，重视各大思想政治教育平台的建设，在深受大学生喜爱的抖音、微博、B 站、知乎等平台建立官方账号。在平台运营的过程中，要始终坚持以马克思主义为指导，围绕党的中心思想和主要理论、环绕学校立德树人中心环节，弘扬马克思主义，唱响社会主义主旋律，丰富网络舆论宣传形式，积极探索打造立体化宣传矩阵。在进行网络育人时，以内容建设涵养网络生态环境，将其科学性、知识性、趣味性、针对性有机结合，讲究语言风格与艺术相结合，增强对大学生的吸引力和感染力，以此宣传主流价值观念，在春风化雨、润物无声的育人情怀中促进学生全方位进步，达到教育目的。要将思想政治教育生活化，让大学生主动参与其中，从而使思政平台更接地气，提升其亲和力与针对性。创建多种育人新平台，促使大学生开阔视野、提升素质，方便大学生学习和生活的同时让思政教育成效"入心田"，连通各级网络育人力量和平台建设，促使其在互联网时代中良性发展，注重线上教育指引与思想开导工作，深入开展爱国教育、道德教育、素质教育，提高网络育人能效。

提高大学生的网络文化素养。互联网的广泛应用和普及深刻影响着大学生的思想和行为，作为互联网时代下成长起来的大学生，网络环境深刻影响着其身心健康和对现实社会的适应性。首先，高校要加强大学生网络素养教育，统一协调开展网络宣传、创新网络文化、加强网络管理等工作，构建多层次的网络思政格局。其次，坚持内容创新，优化网络教育资源供给。结合现实世界的实际情况，通过文化共鸣、情感联结形式，强化思政话语传播力；通过组建网络类社团组织，开展主题交流活动，提高网络实践能力；动员相关家长、校友、社会公益组织等社会群体积极参与到大学生网络文化素养教育中，提高大学生的政治辨别力和网络判断力，增强其抵抗负面诱导信息的能力，进而提升大学生网络文化素养。最后，要引导大学生充分发挥"慎独"精神，发挥主观能动性，实现自我管理、自我教育、自我发展，自我建立起坚固防火墙，提高其自律精神。

四、积极建设社会育人良好环境

在新时代，我们要致力于形成全社会都关心大学生的健康成长与支持大学生思想政治教育的育人格局。社会各界对大学生思想政治教育的支持配合力度和重视程度直接关系到教育质量、社会进退与国家兴衰，要不断释放全党全社会共同关心支持大学生的强大育人力量。社会教育起着引导大学生思想政治教育方向和补充育人力量的重要作用，因此必须重视社会这一育人空间领域，与学校、家庭等育人领域形成优势互补，激发育人最强合力，最大限度地促进大学生成长成才。众所周知，人的一生所受最深刻、最持久的教育影响之一就是社会教育。各级党委、政府、高校都应该积极倡导、激励社会各界关心、关注大学生的成长，促使全社会各方主体正确认知育人责任、使命与角色定位，增强思想政治教育工作"正能量"。因此，要全面发挥社会领域中的育人力量，就必须通过积极争取政府和社会的支持、充分挖掘整合社会育人资源、不断拓宽社会育人实践平台等手段，充分发挥社会的育人功能。

（一）积极争取政府和社会的支持

进入新时代以来，协同育人理念深入人心。全方位育人工作受到党和国家的高度重视。有关部门出台了一系列政策文件，如中共中央、国务院印发了《关于加强和改进新形势下高校思想政治工作的意见》《深化新时代教育评价改革总体方案》；教育部等部门联合下发了《关于进一步加强高校实践育人工作的若干意见》等；某自治区人民政府办公厅发布了《关于深化高等学校创新创业教育改革的实施方案》。以上种种政策文件都表明了拓宽综合实践育人渠道，加强学生社会实践基地建设，打造学生社会实践大课堂，定期组织学生参加社会实践和志愿服务活动的重要性和紧迫性。

从国家、地方政府角度而言，要从政策制定入手，在社会层面对大学生思想政治教育工作加以引导和支持。采取开放鼓励政策，积极鼓励和大力支持高校进行实践育人，并全力配合高校社会实践活动；对于协同高校进行大学生实践育人的实践单位，政府可以加大政策鼓励力度，减轻实践企、事业单位的负担和顾虑，例如对企业在接受大学生实践过程中造成的组织管理、设备损耗等方面的费用给予补贴，政府派工作小组和专业人员具体负责落实企业开展育人工作，减免单位部分税收，等等，使社会各单位形成积极向上的争相育人模式，以此鼓励各行业、各单位加入实践育人工作中来，逐步形成社会各界广泛支持和自觉行动的运行机制。要联合相关部门通过立法规定、制定政策等方式，保护大学生在社会实践期间的合法权益，确保实践育人工作有章可循、有法可依。无论大学生所属社会任何一个单位，都能切实保障大学生的生命财产安全和自身利益，打消家长和学生的后顾之忧，提高大学生适应社会、融入社会的积极性。

资金的投入是顺利开展社会育人的根本保障，也是全方位育人工作顺利开展的物质基础。建立政府统筹、教育部门具体规划实施、有关部门共同管理的联动机制，各级政府要将财政专项经费用于实践教学环节，统筹相关经费渠道对思想政治教育予以倾斜，根据学校种类、专业类别分别制定详细准确的经费投入标准。加大支持额度和优惠政策力度，为促进大学生社会实践内涵式发展提供经费保障。根据校企合作教育基地评价指标和企业协同高校实践育人工作情况，政府通过专项金融信贷支持等多途径渠道为企业在资金方面给予扶持；对于一些稳定持久的实践基地（如特定社区点、企事业单位、乡村等），根据实际情况给予经费补助、结合育人实效给予奖励。

要发挥社会舆论的积极效应，强化社会育人的舆论导向。通过对各种舆论主体和舆论工具进行有效引导利用，扎实推进实践育人共同体建设，齐抓共管形成强大育人合力，推进社会大课堂常态化建设，营造和谐共赢的育人氛围。一方面可以利用传统媒介（例如报刊、广播、电台等），广泛宣传育人工作的重要价值、基本政策以及推进路向，确保社会育人概念深入人心，外化于行。另一方面，积极发挥网络媒介的作用，利用微博、抖音或各种官方平台，宣传社会育人的典型模范事例、最新动态以及各种实践活动内容等，增强舆论宣传的吸引力和实效性。由此通过社会有关方面和相关单位的积极配合与支持，更好地实现社会育人的科学化、常态化。

（二）充分挖掘整合社会育人资源

党中央、国务院以及历任中央领导历来就高度重视大学生的思想政治教育，"'大思政课'我们要善用之，一定要跟现实结合起来"为推动大学生思想政治教育改革创新提供了方向遵循。

办好"大思政课"，其关键是要在全社会形成育人合力，因为"大思政课"是社会多方力量参与的社会大课，需要多方育人主体协同合作、同向同行。因此我们必须深度聚焦思政课"大"的特性，不断丰富"大思政课"的内容、途径和载体，有效凝聚社会育人资源，善于挖掘历史资源、红色文化资源、时代现实性资源等，大力营造全党全社会努力讲好"大思政课"的良好氛围，着力构建以立德树人为核心的社会大学校、大课堂。

1. 深入挖掘红色教育资源

"把红色资源利用好、把红色传统发扬好、把红色基因传承好",这就表明要充分发挥红色文化对大学生的教育功能与价值。红色文化凭借其所承载的英雄事迹和丰富的革命精神内涵,具备了强大的感染力和感召力,让红色文化激发和唤醒大学生"内生动力",使红色文化不断滋养初心使命。

各地要结合本地实际情况,重视本土红色展览馆、党史博物馆、革命根据地等红色教育基地的功能价值,如充分重视桂林知名红色教育基地:红军长征湘江战役纪念馆、纪念林,灌阳湘江战役新圩阻击战酒海井红军纪念园,等等。利用好红色资源,丰富教育实践内容,让思政教育更加丰富鲜活生动。第一,社会各个育人机构、组织充分展开合作交流,结合话剧、音乐剧、舞蹈等元素,利用特殊日期、节日举行主题展览、研讨会等,充分提高思政教育工作者以及大学生的参与积极性。第二,在展览建设中彰显思想政治教育理念,贴近思政教育主题。对于场馆自身来讲,要设置特色思政教育主题展厅开展沉浸式教学,举办互动式、情景式主题活动,充分发挥好红色教育资源的功能和作用。另外可以加快对场馆所有育人资源的盘活与开发,将有关教育内容渗透于能视听到的所有空间内,使大学生能随时随地感受育人氛围,接受精神洗礼,优化整个教育基地的教育环境。第三,要强化红色教育基地的人才队伍建设,配备专业人才,有效提高管理水平和现场教学水平。完善人才引进培养机制,构建学习型人才队伍,在党史学者、业界专家的指导下,打造研学交流新平台,定期开展培训学习与分享会,全面提高人才队伍的素质。

2. 拓展生动现实性资源供给

遵循"社会即课堂"的大课堂理念,打通有限思政课堂时空与广阔社会课堂之间的壁垒,丰富和延伸全方位育人时空的道德大课堂、社会大天地。重点把"校园思政小课堂"融入"社会思政大课堂",善于积极吸收社会大课堂中的生动素材,以此丰富思政课教学,达到"行走的思政课堂"的效果,同时这也是善用"大思政课"的有效途径。在以往的教学中出现了拿着政策文件读的问题,导致思政课堂缺乏生机活力,加之未能充分利用社会层面的育人资源,导致整个社会思政氛围感不强、社会大课堂效果欠佳。用活"冬奥"素材、中国精神等资源。社会与学校紧密衔接育人链条,开展"热乎乎"的讲解,讲好"大思政课"。由此可见思政大课堂实质上是一个理论联系实际的过程,社会生活中的生动案例,正是增强"大思政课"针对性和感染力的重要基础。习近平总书记在 2021 年的全国脱贫攻坚总结表彰大会上宣布如期完成脱贫目标，中国人民战胜贫困、创造人间奇迹的经验与精神，正是讲好"大思政课"的鲜活素材。放眼全球，无论是喜迎冬奥还是脱贫攻坚，不仅多次展示了中国模式和中国经验，也在实践中彰显了"中国之治"的显著优势和强大力量。中国共产党团结带领人民已经完成和正在完成的时代篇章，正是"大思政课"最鲜活的元素。在社会大课堂里，大学生走进社会、深入生活、关注现实，以现实生活为"课堂"，以社会实践为"素材"，与时代同频共振，进一步增强了育人的有效性和时效性。

3. 弘扬尊重和学习榜样的社会风气

英雄、先锋代表着一个民族的希望、一个国家的前途。先进的模范榜样人物，是社会道德的标杆、精神的载体。社会榜样教育通常指的是国家党政部门、宣传机构或社会团体组织等利用社会各种载体和媒介，直接或间接地传播榜样的先进事迹、高尚行为等，通过对良好社会风气的营造、对社会主义核心价值观的传播、对各种社会主流思潮的引领，实现对大学生的道德品质和行为素养的影响。

首先，可以依靠国家的主导作用，加大对优秀榜样的宣传力度。习近平总书记颁发共和国勋章、七一勋章，接见优秀县委书记，等等，为社会树立了正确的价值取向，提供了新时代的学习楷模。国家官方媒体发布的信息是最具有公信力和说服力的，号召全社会学习模范人物，感受榜样力量，不断强化大学生向优秀榜样学习的信念和动力，激发全社会崇德向善。

其次，社会对榜样的传播、评价、奖励，对大学生的认知与判断有着潜移默化的影响，因此可以在社会公益场所和社会环境中推进榜样教育，利用社会团体提供的资源和条件开展丰富多彩的榜样教育实践活动，发挥新闻媒体、博物馆、图书馆、展览馆等育人场域的优势作用，介绍、展示和宣传模范人物的先进事迹，使大学生在生活的方方面面体会到社会对模范榜样人物的尊重和敬仰，从而让大学生学有榜样、行有示范，推动形成奋发向上、争当先锋的育人氛围，形成一种集体有意识地学习榜样、争当先进的社会良好氛围。

最后，要将社会常态化教育与社会治理相结合，净化社会风气。一方面将立德树人工作融入大学生的社会生活细节之中，使其能在实践中体会和践行，促进社会全面进步，营造良好的学习榜样的社会风气；另一方面要加大社会治理力度，追求真善美，坚决抵制历史虚无主义，保障风清气正的社会风气，有效防范和降低社会负面事件对大学生的负面影响。此外，还要引导学生党员和积极分子充分发挥示范引领作用和先锋模范作用，勇于肩负责任使命，带领大学生尊重榜样、学习榜样，让大学生在社会生活中自觉向榜样看齐。

（三）不断拓宽社会育人实践平台

大学生在社会上的实践活动具有活跃性、广泛性以及地域性特性，这三种特性充分体现了开展大学生社会实践活动的重要意义。而推进育人阵地建设、汇聚社会优势资源是有效发挥全方位实践育人功能的重要内容和基础保障。因此，学校与社会应密切配合、通力协作，针对大学生校内理论学习困惑和思想认知发展需要，搭建和拓展一批社会实践平台，让学生在社会实践中服务人民，在服务人民中茁壮成长，在实践实干中练就本领、增长才干。

1. 加强第二课堂教学

坚持理论教育与实践教育相结合，可以围绕思政课重点教学内容、社会所关切的时事或娱乐热点话题，拟定第二课堂实践主题与针对性实施方案。例如以"思想道德修养与法律基础"为范式，对接"理想信念系列""中国精神系列""争做时代新人系列"等教学模块。大力推进先进思想进教材、进课堂、进师生头脑的同时发挥第二课堂的育人功效，推进新思想进校园、进网络、进寝室，实现理论入脑入心。巧妙运用信息技术，通过新媒体平台，让第二课堂中的思想政治教育的发展速度"快"起来。用新媒体平台聚合大学生，把第二课堂嵌入多元教育平台，使得思想政治教育获得创新与传递，把实践育人落向更实处。例如可以接通实践活动与互联网的连线，将实践活动进行全过程展现，实施"宣传动员—内容预告—现场直播—评奖评优"全程全方位操作，打造实践育人立体方阵，努力实现育人的全覆盖。

依托高校同校外企事业单位、社会组织、党政机关共建的实践教育教学基地开展劳动教育、爱国教育等活动；高校可以结合创新创业大赛，开展大学生实习实训相关活动，通过校企合作、校地合作，以知促行、以行求知。高校要积极打造"马克思主义理论宣讲队""助力乡村振兴"等育人精品项目，持续深化"三下乡""志愿服务"等经典实践活动，有效引导学生正确认识世界、全面了解国情，以行动增强认知，强化实践育人效果。

2. 开拓育人合作基地

《教育部等部门关于进一步加强高校实践育人工作的若干意见》中强调了进一步强化社会实践教学环节的重要意义，明确提出要加强实习、实训基地社会实践教学共享平台建设。只有这样才能在最短时间内、最大限度地发挥实践育人优势。只有强有力的政策和资金支持才能促使社会实践基地做强做大，若仅依靠高校内生力量是无法实现的，因此迫切需要汇聚力量，联合政府、社会组织等，共同合作完成育人基地的建设与发展。同时各高校之间也可以加强社会实践基地的共建、共创、共享。高校要积极地协同社会各方面力量，改善校外实践条件、开辟教学实践基地与社会实践基地，继而扩大育人空间领域。另外，要鼓励事业单位、社会团体等各界协同育人，建立健全社会各界接收大学生实习实训制度，推动量化指标落地，创新形式、拓宽途径。通过创造以上育人条件，促使大学生通过社会实践基地培育社会责任担当意识与实践能力，不断强化实践平台的功能优势。

企业作为促进经济发展和社会进步的重要角色，作为社会大课堂的一分子，应承担一定的社会责任和育人义务。企业应该自觉主动加入协同育人队伍，引人、育人、留人，完善人才培养输送机制，强化多方驱动，画好协同育人同心圆。企业在参与大学生思想政治教育的过程中，如果能在为大学生提供丰富的实践机会甚至就业岗位的同时实现育人目标，对于整个社会来讲，是一种"双赢"。而基层社区作为国家治理和公共服务的基石，也要勇于承担育人责任，了解学生的真实想法与需要，全力为大学生提供实践场所和发展机会，同高校加强沟通协作、密切配合，充分利用假期与课余时间，引导大学生走出校园，促进大学生在基层实践中磨砺坚强意志。

3. 发挥全方位育人主体的引导作用

无论是辅导员、班主任，还是管理者、专业课教师，在大学生实践育人工作中发挥着组织、实施和引导作用。专业课的教学过程中，提倡教师使用"体验式""沉浸式"教学，广泛开展案例式教学、情景化教学，对于广西的高校来讲，可以让学生在亲身感受漓江风景的同时深入领会"绿水青山就是金山银山"；在参观湘江战役纪念馆、革命烈士纪念碑园的同时接受红色基因的熏陶和洗礼。对于辅导员来讲，需要做好学生社会实践活动的组织、开展和动员工作，最好能与学生一同参与到每项活动中，使学生能获得亲身参与实践的积极感受，推进实践活动常态化。从校友层面来讲，应充分加强与校友的沟通合作，利用校友的社会资源和力量，为在校生广泛争取到企业实习和参与社会实践的机会。

除此之外，高校各学院、各单位可以积极邀请国内外知名专家学者、企业带头人来校或通过线上讲座的方式开展学术报告、名家讲堂等，引导师生广泛参加各种学术活动，不断掌握最前沿的学术成果，开展自主研究，在实践中相互促进、共同进步。高校各教学单位积极组织教师开展线上课程建设、混合式教学模式改革研讨、教师教学能力提升培训、教师创新创业能力培训等活动，将教学科研成果融入实践活动中去，不忘科研与实践相融合，创新思维、科学育人。通过组织各种技能培训和考察学习活动，让教师深入了解社会、开阔眼界，充实自身的经验和阅历，对所处的社会和国家有更全面、更深刻的了解，充分发挥自身在实践育人中的指引作用，使其在精准安排实践教学设计与具体方案的同时更好地支持、鼓励学生。

五、切实增强家庭育人责任意识

学校教育、社会教育、家庭教育在推进全方位育人的过程中，有着不同的功能和优势。每个人所接受的初始教育就是家庭教育，无论今后身处学校还是社会，家庭教育对一个人的影响都至关重要。学校教育和社会教育以家庭教育为基础，对大学生每个成长阶段都具有深刻影响。跟大学生接触最多的首先是父母，大学生所在的家庭环境影响着其一路以来的成长，父母的教育影响着大学生思想品德的形成与发展。例如被评为全国道德模范的桂电学子崔译文，出身军人家庭的她始终以父亲为榜样，是父母最早教会崔译文做一个坚强、勇敢、有责任、有担当的人。

全方位育人格局的构建，离不开家庭的积极支持与互动配合。全国妇联联合教育部等部门共同修订《全国家庭教育指导大纲》《中华人民共和国家庭教育促进法》，对家庭教育指导内容进行规范和明确，旨在不断提高家庭教育水平。中共中央、国务院印发的《中国教育现代化2035》，围绕重视家庭教育和社会教育作出新的部署，就"家庭和社会相衔接的综合劳动、实践育人机制"提出具体措施。2022年1月起《中华人民共和国家庭教育促进法》正式实施，旨在引导全社会注重家庭、家教和家风，增进家庭幸福与社会和谐，提升家庭教育水平。

（一）更新教育观念，强化协同育人意识

随着科学技术、智能化社会的创新发展，居家学习、线上学习的时间或会相应增加，继而家庭育人的功能和价值将愈加突出，这就要求每个家庭、每位家长要增强责任与角色意识，协同社会、学校，真正形成教育合力。而对于大学生来讲，正处于人生成长关键时期，世界观、人生观、价值观尚未稳定，极容易受到外界的干扰，而接触最多的就是自己的父母，父母的思想观念和为人处世都影响着子女。因此家长必须重视家庭教育，更新教育观念，全面推进家庭教育创新发展。

以身作则、率先示范。家长自身先明确为人父母的责任，在日常生活中时刻注意言谈举止，传递给子女尊老爱幼、宽容仁慈的基本人生观念，以正确的道德观和价值观影响子女、教育子女，通过在日积月累的感化、教育中引导子女建立

稳定成熟的三观，教育子女有担当、有抱负，做一个为国家出力、为社会做贡献的人。

要树立正确的教育理念和人才培养观念。一些年轻父母受社会不良价值观念的影响，极具功利主义，只关心子女的考试排名和学科成绩，轻视综合素质的培养，忽视其他方面的培养，由此影响了子女自身"三观"的养成。家长在家庭教育中，不能仅关注大学生的成绩和生活状况，其日常行为规范、道德品质以及心理健康更要注重，注重子女能力素质、道德情操等方面的培养，发挥家庭教育中点滴育人的教化作用。

启发家长树立终身学习的思想观念。社会舆论要积极促进家长更新教育知识，不断提高自身水平，把握教育规律，紧跟时代步伐。家长不仅要给子女提供优渥的物质条件，还要在精神上鼓励、陪伴、理解子女，提高教子育人的科学性。教育者必先受教育，例如湖南的周亚松阿姨为了鼓励女儿，跟女儿一起努力学习，最终母女一同读了研究生。华中师大校长评价这位伟大的母亲：用亲身实践生动地展示了"学无止境"的道理，既给子女树立了榜样，同时也增强了自我价值感。家长只有通过终身学习、与时俱进、掌握更多知识，才能知晓子女的内在需求，才能精准施策，用子女既感兴趣又喜爱的方式解决问题，也只有这样才能达到事半而功倍的效果。

（二）注重家风建设，营造和谐融洽的家庭氛围

教育、妇联等部门多次统筹协调社会资源支持服务家庭教育，多部门联合印发《关于进一步加强家庭家教家风建设的实施意见》，指出全社会要担负起青少年成长成才的责任，并多次强调"注重家庭、注重家教、注重家风"。一个和谐的家庭氛围是子女成长成才的起点，家庭氛围的好坏影响着子女的心理健康和思维方式。大学生因年龄、成长特性、家庭与学校所在地域的不同，会逐渐地由以家庭为重心转化为以社会生活为重心，自身成长过程受到不同因素的影响制约，但是给大学生带来深刻而持久影响的终究还是家庭因素。学生在学校、社会接触更多的是外在的灌输，而温馨和睦的家风是借助情感的渗透形成的内生动力。一种互敬互爱、民主平等、和谐温暖的家庭氛围是父母不懈努力的方向，其能让大学生在遭受挫折、遇到困难时依旧能坚强、自信和努力。在日常生活中，在轻松愉快、充满爱的氛围中成长起来的孩子，活泼开朗、积极向上、自信健康。正如被评为第二届全国文明家庭的张正亚家庭的家风为"孝老爱亲，爱国奉献，忠厚传家久，家和万事兴"。张正亚极其注重家庭成员的道德文明，培养子女的独立

生活能力和自主学习能力，始终引导子女沿着正道走，做一个对社会、对人民有用的人。

近年来社会各界各单位评选"最美家庭"等典型，不仅给受表彰的家庭带来了荣誉感和自豪感，还提升了对社会的感召力和号召力，形成了争创先进家庭的良好氛围。这种寻找典型、奖评模范的活动形式，既让好的家风家训传递了正能量，又为宣传家风提供了经验总结。让好家风成为新常态、让正能量持久传播，以点带面，加深全社会对优良家风的认识，实现社会和谐有序发展。反观近年来因家风不正引发的家族式腐败案，不仅破坏了社会风气，还使国家事业遭受巨大损失。只有家风正才能助推党风廉政建设，只有具备风清气正的良好家风、国风，国家才能繁荣富强。通过社会上正反面家风家训的例子，我们可以得出和谐健康的家庭环境有利于家庭成员健全人格培养的结论，是大学生由幼稚走向成熟的基础。一个家庭若能形成廉洁齐家的家风，家庭成员自然会对糜烂奢华的家风嗤之以鼻。若家庭教育不能有效配合社会、学校教育，那么不仅会给子女的教育带来薄弱与缺失点，而且会相应地给社会、学校增加教育难度；若能形成和谐、融洽、稳定的家庭氛围，有效发挥家庭、家教、家风的育人功能，就有利于家庭成员全面发展。只有学校、家庭、社会步调一致、共育共赢，才能更好地巩固育人成果、推动育人的全方位渗透，才能协力书写强国新征程的壮丽篇章。

（三）拓展载体渠道，创新家庭教育方式方法

大学生作为即将成年或刚刚成年的独立个人，自身存在更强的自尊心和敏感度，若一味采取言语严厉的方式或放任不管的态度甚至是权威教育，极容易造成子女的逆反、叛逆心理。除此之外，在逐渐离开家庭步入社会、融进社会大熔炉的人生阶段，子女在家的时间渐渐变少，与父母的沟通方式也发生了很大变化，言传身教、平等对话就逐渐变为正确有效的沟通方式。家庭的情感温度、教育方式决定着子女发展的高度。父母对子女的教育方式方法，要以尊重、理解、信任、鼓励为基础。一个心平气和、民主平等的教育方法在父母与大学生的沟通交往过程中显得至关重要。家长可以借助各类载体来灵活开展家庭思想政治教育活动，增强受教育者的接受度和愉悦感，最终提升受教育者的获得感和认同感，使子女幸福成长、轻松成才。就像盐溶解在食物中一样，在优良家风家训的熏陶过程中借助各类载体、方法，让大学生在"自然吸收"的过程中无形地接受、认同，点滴育人心，推动全方位育人提质增效。

家庭层面的思想政治教育，需要增强理论表达的亲和力，利用生动形象的现实例证，将思想政治教育融入具体的描述中。例如《朱子治家格言》中，一共只有500余字，虽寥寥数页，但也全面涉及了修身齐家的各个方面，且易于记忆和理解。除了这种在说教上以理服人、以情感人，还可以利用多种实践形式来丰富育人活动。通过丰富多彩的家庭活动，寓教于活动中，实现隐性教育的育人效果。重视各个节日和纪念日的育人功能，以实际行动传承传统文化，让中华民族优良文化传统贯穿于日常生活。例如在国家特定纪念日忆历史、聊未来，聊英雄烈士、模范偶像；还可以去当地博物馆、红色教育基地、烈士陵园致敬革命英雄，接受爱国主义和社会主义核心价值观的熏陶。重视家庭集体社会实践活动，家长带子女参与到社会服务之中，尤其是社会公益活动、志愿服务，例如参与创建文明城市活动、助力清洁环保活动、志愿抗疫活动、乡村振兴志愿服务活动等，让大学生在实践中增强社会公德和服务人民的意识，在轻松活泼的环境中接受教育，使家庭育人工作富有成效。

除此之外，家长要在加强与子女沟通的同时注意及时跟学校沟通，关注学校管理和教育要求，定期跟专任教师以及辅导员沟通，了解、熟知和跟进子女最新动态。积极参加学校相关家庭教育、家风传承等课程或知识讲座，掌握一定的科学教育方法，承担好家庭育人职责，稳步提高子女的思想政治素质和道德素质，以此激发家庭育人最大潜能。

六、大力提升大学生自我教育水平

自我教育是大学生思想政治教育的最高境界。从苏联教育家苏霍姆林斯基的教育思想中，我们可以得出结论：只有能够激发学生去进行自我教育的教育，才是真正的教育。大学生思想政治教育的过程不仅是受教育的过程，也是自我学习的过程。一般而言，人行动的一切动力都源于他的思维，如果这种思维转变为他的愿望动机，他才能积极地、持久地行动起来。如果大学生缺乏对思想政治教育理论的吸收和践行，那么要实现全方位大学生思想政治教育就无从谈起。因此，实施全方位育人的关键前提就是要大力提升大学生的自我教育水平。

（一）激发大学生的自我教育意识

首先，要引导大学生理性对待思想政治教育，明确自我教育的目的和必要性。教育者在教育的过程中，应该树立以学生为中心的教育理念，关注受教育者自我教育的质量，以学生的需求为出发点，肯定学生的主体性，精准把握灌输与疏导尺度，避免抵触和逆反心理产生。外部教育与自我教育是彼此促进、相互融合的关系。高校在启发大学生进行自我教育活动时，应聚焦大学生实际需求与时代需要，将有针对性的科学理论以及中国特色社会主义思想的先进成果转化为内在的发展目标，有效传授先进思想、理论，以传授教导的显性教育来唤醒大学生的自我教育意识，推动大学生的自我教育的发展。例如某理工大学重点突出正面激励引导作用，深入实施"榜样领航"工程，在校园生活中，定期培养、选树部分三好学生模范、先进学生干部典型等，通过组建攻坚小组、优秀学生报告团，大力开展大学生梦想公开课、国旗下讲话等榜样宣讲活动，树立榜样、引领学风，努力营造对标进位、见贤思齐的学习氛围。

其次，要培养大学生的自我评价意识。自我评价是自我教育的认识基础，能清楚自身特长与不足，正确认识、了解自己，才可能进行自我反思与自我教育。要强化自我教育功能，大学生首要做到的就是要正确认识、分析、评价自我，只有这样，才能准确分析、精准定位自己，最后才能进行自我教育。要培养大学生认识和评价自我的意识，可以着眼于健全学生社团、党团组织等各级组织，凝聚集体活动力量，促使学生积极参与到各种组织活动中，在活动过程中充分认识自己、教育自我，主动融入思想政治教育体系中去。例如某电子科技大学成立习近平新时代中国特色社会主义思想研习社（简称"研习社"），以"真学、真研、真传、真用"为逻辑层次，定期举办习近平总书记重要讲话精神学习分享会等，旨在促进大学生对新理论的学习与运用。某理工大学自发成立大学生宿舍自我管理委员会，扎根于宿舍，不断提高大学生自我管理、自我约束、自我服务、自我教育的能力。大学生在此过程中全方位、多角度地认识自己、评估自己，继而确立自我教育目标和方法，切实提高自我教育意识。另外，还可以通过树立典型模范，以革命先辈和榜样人物的优秀品德和模范行为教育激励大学生，引导大学生发挥自我激励作用，激发大学生的内在动力。

最后，要培养大学生进行自我教育的自觉性和积极性。积极发挥主观能动性，通过自我体验、自我训练等实践途径，将自我教育积极融入全方位合力育人模式，激发学生进行自我教育的勇气和决心，实现自我和谐育人。一方面，关注国内外政治、经济、文化发展大势，了解领悟党的方针、路线、政策，不断提高自我认知能力，将集体主义与个人价值有效融合，促进自我全面发展。另一方面，要提高抵御不良社会风气和价值观念的自觉性。互联网迅猛发展的今天，大学生接收信息的渠道增多，大学生群体思想活跃、求知欲强，容易接受新思想、勇于尝试新事物，但缺乏辨析能力，加之各种西方社会思潮的渗透和不良社会风气的侵蚀，思想观念与价值观极易动摇。因此，大学生要主动提高思想道德修养和社会道德素质，提高对社会负面影响、消极社会风气、不良社会思潮的免疫力，培养独立思考能力与政治辨别力，克服自身固化的思维定式，勇于自我革命、自我教育，坚决消除各种不良心态，做好情绪管理，加强自我约束能力、提升自我修养。

（二）拓宽大学生的自我教育途径

激发大学生的自我教育意识后，要积极拓宽多元化教育途径，提高自我教育实效。要联动"线上线下"。人工智能时代的来临、大数据技术飞速发展，给大学生自我教育的发展带来了新的契机，使搭上时代智能快车的自我教育方式更灵活、更便捷，更易被学生接受和采用。学生自主选择自我教育时间、素材、途径等模式，形成了积极的自我教育氛围，极大地提高了学生进行自我教育的自觉性、积极性、创造性。在此基础上，充分利用线下实体的育人资源和育人环境，不断提升其逻辑思维能力，将课堂知识与社会实践知识有效结合，使大学生能逐渐客观、理性地思考问题、解决问题，从而不断强化自我教育。

要结合"个体与群体"。在自我教育过程中，大学生还需要认识到群体教育的重要性。正如孔子所言，三人行，必有我师焉。大学生在群体生活中，既是教育者，也是受教育者。群体之间相互激发、相互督促，逐渐形成了一种自发性、主动性的自我教育方式。若一个班级内的学生互帮互助，有同学带头学习进步，那么整个班级内的学习气氛也会被带动起来，班内学生互相鼓励、共同进步。因此，高校可以为学生搭建互助教育平台，例如班级平台、社团平台、网络交流平台等，保证自我教育与群体教育对大学生思想政治教育产生积极影响。

要统一"输入与输出"。要通过课堂学习、教师引导的方式进行文化知识、价值观念等的内在输入，还要通过社会实践、科技创新活动、文体娱乐活动等进行外在输出，使大学生将内在输入的理论知识加以领悟和应用，在实践过程中实现自我反思、自我教育，二者结合弥补传统自我教育的短板。例如在新时代背景下，丰富校园第二课堂形式，利用党团组织学习会、读书交流会、学习经验分享会等活动，促使学生深刻认识到第二课堂的意义和价值，促进自我教育的发展；大学生的创新创业能力、人际交往能力、实践能力是实现自我教育的重要基础，因此还必须为学生尽可能多地提供就业创业平台，使学生自身素质得到全面发展，提升大学生的社会适应能力，既增强其竞争意识又注重其抗挫折能力的培养，形成自我教育的良好生态循环。

（三）培育大学生的自我教育能力

只有在深化学习、自我领悟的过程中，大学生才能不断进行自我教育，提升自我奋斗能力，并自觉应用于实践行动中，将自我奋斗与承担的时代责任使命相统一，才能实现更好的发展，并成为品学兼优的新时代人才。

培养积极进取的人生态度。大学生通过科学的自我评价和自我教育，激发自身内在活力，树立远大理想和人生目标，始终以昂扬的精神面貌理性面对人生道路上的学业压力、困难挫折和磨难苦楚，在设定、实现阶段性目标的过程中不断自我教育、自我调整，最终实现人生价值。在各个育人领域，多方主体都应注重引导大学生根据自己的实际情况树立崇高的人生目标，使其在乐观向上的人生态度下，依靠顽强毅力和不懈努力的优秀品质，度过充实、愉快又自律的大学生活，积极投身于为人民服务的实践行动中，实现社会价值与个人价值的统一。

增强学以致用的实践能力。首先，在社会实践大课堂的教学过程中，把握他育与自育的辩证关系，注重二者紧密结合，通过引导大学生与同学、实习同事之间相互帮助，培养学生辩证地看待合作与竞争关系，使其在自觉行动中践行初心，以较高的思想觉悟和综合素质完成自我教育，积极投身于强国建设之中。其次，积极组织开展志愿服务活动，吸纳学生自觉参与实践活动，引导大学生在实践过程中自我体验、自我创新、自我教育。例如，某学校学生建立的青年志愿者协会，定期发起"无偿献血""情系灵田，关注留守儿童"等活动；学生自发组织深入社区、养老院、福利院服务人民；到山区支教；等等。某理工大学围绕文明校园建设，深入开展"防疫志愿者线上助学服务队""光盘行动""无烟校园""助力桂林市创建全国文明城"等实践活动。此类社会实践活动，能不断提升大学生的意志品质与公共服务水平，能不断增强大学生的爱国奉献精神，在自然灾害等突发危机事件面前大学生能自觉担当、善于担当，做能吃苦、能奉献的时代"传承者"。在实践过程中推动大学生不断深入进行自我教育，激发其持续快速发展的内生动力。

第六章　劳模精神融入大学生
思想政治教育研究

将劳模精神与大学生思想政治教育结合起来，是高校落实立德树人根本任务的现实需要，也是有效提升大学生思想素质和劳动素养的重要途径，有利于大学生正确认识个人与集体和国家的关系、理想与现实的关系，从而激励大学生志存高远、脚踏实地，为促进国家发展和实现民族复兴贡献自己的力量。

第一节　劳模精神融入大学生思想政治教育相关概述

一、概念界定

（一）劳模

劳模是劳动模范的简称，"劳"，即劳动，"模"的意思是仿效、模范。"劳模"一词很明显就是指劳动的模范和榜样。目前，学术界关于劳模的界定，主要分为两种：一种是从荣誉称号的角度来界定，比如，劳模包括劳动模范和先进工作者，是经职工民主评选，有关部门审核和政府审批后被授予的荣誉称号；另一种是从劳模的内涵和影响力方面来界定，比如，社会学家艾君认为，劳模是工人阶级的优秀代表，劳模是时代的永远领跑者。姚力认为，劳模表彰不仅是对个人的奖励，而且关乎国民道德素质的培育和社会风貌的形塑。[1] 还有学者认为劳模是指在我们党团结带领人民进行革命、建设的各个历史时期，基于"劳动者最伟大""劳动最光荣"的理念，在社会主义劳动竞赛中产生的领先者和佼佼者。劳动模范是工人阶级的杰出群体，是先进生产力、先进生产关系最优秀的代表，也是先进文化最优秀的代表。[2] 另有学者认为，劳动模范是社会生产和社会实践主

---

[1] 姚力.20 世纪 80 年代全国劳模表彰及其时代价值 [J]. 当代中国史研究，2020（05）.
[2] 杨冬梅，赵健杰.劳模学概论 [M]. 北京：人民出版社，2020.

体劳动者中的先进分子和标兵榜样，具有强烈的社会属性和时代特征。学者从不同视角对劳模的概念进行了界定，虽然表述方式各不相同，但都对劳模的贡献和影响进行了肯定。

综合上述观点，我们可以把劳模的概念总结为，劳模是党在新民主主义革命、社会主义建设和改革开放不同时期，选评、树立的为党和国家事业做出突出贡献的优秀劳动者，他们虽来自不同时期、不同岗位，但都是行业领域的杰出代表，是引领时代前进的先锋。

（二）劳模精神

有关劳模精神的定义，有多种不同的理解和认识，比如，李珂认为，劳模精神展现了我国新时代劳动群众和工人阶级的高度自信，是社会主义核心价值体系的重要组成部分，丰富并拓展了中国精神的内涵。[①] 又如，劳模精神是一种文化现象，蕴含着深厚的文化底蕴，彰显了中国特色社会主义文化自信。张祝平认为，劳模精神不仅属于劳动者的个人素养问题，而且是民族和时代精神的体现。[②] 有学者说，劳模精神既反映了中国工人阶级的政治本色、价值取向、光荣传统和进取精神，也彰显出了我国工人阶级的时代特征，是中国工人阶级先进性的具体体现，是对中华民族精神的继承和发展，是鼓舞全国各族人民团结奋斗的重要精神力量。上述界定，主要是从劳模精神的地位、价值和意义等方面来做描述。因此，我们可以说：劳模精神就是劳动模范身上所体现的精神。劳模精神的主体是劳动者，高度浓缩了劳动群体的先进思想、优秀品质和高尚精神，代表了一个时代的价值观、道德观，对人的品格塑造和社会发展进步具有重要的推动作用，需要不断传承和弘扬下去。

（三）大学生思想政治教育

思想政治教育是教育不可或缺的一部分，学术界对"思想政治教育"的界定，主要有：思想政治教育是指社会或社会群体用一定的思想观念、政治观点、道德规范，对其成员施加有目的、有计划、有组织的影响，并促使其自主地接受这种影响，从而形成符合一定社会一定阶级所需要的思想品德的社会实践活动。教育部思想政治工作司指出，思想政治教育应当立足于社会要求与自身需求的基础之上。可见，思想政治教育是一种教育实践活动。思想政治教育通常分为学校教育和社会教育两个层次，其目的都在于影响受教育者的思想观念，使之符合社会的要求。

---

① 李珂.新时代劳模精神的崭新意蕴与当代价值 [J].红旗文稿，2020（08）.
② 张祝平.劳模精神与工匠精神的内涵、传承及其弘扬路径 [J].学习论坛，2019（06）.

综上，大学生思想政治教育，其教育对象是大学生，教育的主要阵地是高校，教师要紧紧围绕立德树人这一根本任务，对大学生的思想、行为进行影响，使他们形成符合社会要求的稳定的道德品质和自觉的行为实践，从而促进自身的全面发展。

二、劳模精神的历史溯源

2005 年，胡锦涛在劳模表彰大会上首次用"爱岗敬业、争创一流，艰苦奋斗、勇于创新，淡泊名利、甘于奉献"24 个字对劳模精神进行了概括，之后，表彰全国劳模和先进工作者时都用这 24 个字阐释劳模精神。劳模精神是历史的产物，随着时代的发展变化不断丰富，产生于革命战争时期，发展于改革开放新时期，在新时代继续繁荣发展。

（一）新民主主义革命时期

中国的劳模最早诞生于土地革命时期中央苏区的公营企业和革命竞赛中，而后出现在抗日战争时期的陕甘宁边区大生产运动和各项建设中。为了休养民力、恢复生产，激励群众的生产热情，陕甘宁边区政府领导开展劳动竞赛，通过选评劳动英雄和先进人物来带头提高劳动生产率。1938 年 1 月，在制造品竞赛展览会上，陕甘宁边区政府对一些先进工厂和劳动英雄进行了奖励，劳模评选运动正式开启。在农具厂工作的赵占魁，每天都认真完成化铁工作，丝毫不懈怠，不挑剔也不抱怨，总是抢在最前面做最多的工作，而受到表彰奖励的时候，他总是躲在最后面。赵占魁觉得，为抗战和人民的需要多做些生产是应该的，他身上充分展现了兢兢业业、克己奉公、甘于奉献的劳动精神。1939 年，赵占魁被陕甘宁边区政府评为模范工人。1942 年，边区总工会开展"赵占魁运动"。同年 9 月 12 日，《解放日报》刊登了边区总工会通知，号召全边区工人学习赵占魁积极主动参加劳动生产、不辞辛劳、坚持不懈的劳动态度。随着"赵占魁运动"的深入开展，陕甘宁边区的工业生产得到迅速发展，广大工人的生产热情和主人翁精神被激发出来，涌现出一大批像赵占魁一样的劳动英雄，比如柳云贵、李凤莲、贾国兴、孙云龙、杨双庆等。不久，劳动竞赛和劳动英雄评选活动扩展到部队、卫生、司法等各个行业中来，掀起了劳动竞赛的高潮。

陕甘宁边区的劳模运动持续了近十年，这期间劳模评选从个人发展到集体、从农业生产领域拓宽到各个行业、从重数量转变为重质量。评选出的劳动英雄一要具有优良的生产技术，二要具备良好的道德水平和群众基础。他们引领广大劳动群众不畏困难、勤奋工作，增加了抗日根据地人民群众战胜困难的信心，在群众中首次树立了"劳动光荣、劳动致富"的劳动观念。"为革命献身、革命加拼命、苦干加巧干、经验加创新"的精神是他们的典型特征。[①]可见，这一时期的劳模评选不仅调动了军民斗争、生产、工作的积极性，还有助于劳动人民的团结，为革命根据地的建设做出了突出贡献。

（二）社会主义革命和建设时期

中华人民共和国成立之初，百废待兴，既要保卫家国，又要发展生产。因此，这一时期的劳模表彰工作，一方面要表彰革命战争时期涌现出来的模范人物，另一方面要顺应中华人民共和国成立初期的政治、经济情况，把全国各族人民团结号召起来发展生产，努力改善生产、生活条件，稳步迈入社会主义社会。从1950年9月至1960年6月，这10年间党和政府先后召开了4次大规模的全国性劳模和先进生产者表彰大会，评选产生了1万多名劳模和先进工作者。起初，以农业劳模为主，把"带领组织群众实行生产互助或精耕细作勤劳增产，发家致富取得显著成绩者"作为劳模评选的首要条件，这是因为当时我国的国情是以农业生产为主。而到了1956年表彰先进工作者时，由于我国正处于第一个五年计划期间，为了确保第一个五年计划能够顺利实施，把"提前完成第一个五年计划规定指标""达到优等质量指标"作为评定劳模的重要指标，并且把评选的重点放到工业上来。以钱学森、华罗庚等为代表的劳模和先进工作者涌现出来，他们身上自力更生、艰苦奋斗、刻苦钻研、无私奉献的精神鼓舞着无数的劳动者。1959年和1960年在北京也举行了表彰大会，与前两次劳模评选相比，评选范围进一步扩大到教育、文化领域。

这一时期，广大劳动者以主人翁的姿态，参与到社会主义劳动生产中来，各行各业涌现出众多的劳动模范和先进工作者，他们来自农业、工业、教育、文体等各个领域，有生产能手、岗位标兵，还有科技人员、教育工作者。在他们身上体现出的是"一不怕苦、二不怕死"的硬骨头精神和"艰苦奋斗、无私奉献"的劳动价值观。不仅对全国各族人民有引领激励的作用，而且凸显了人民当家作主的政治理念，有效促进了经济社会的发展。

1977年至1979年，短短两年间，党中央连续举行了五次全国劳模表彰大会，涌现出了许多生产技术和科研领域的劳动模范和先进工作者。这一时期的劳动模范动员和引导广大劳动者继续艰苦奋斗，努力发展经济，把精力转移到社会主义现代化建设上来。

---

① 杨冬梅，赵健杰.劳模学概论[M].北京：人民出版社，2020.

（三）改革开放和社会主义现代化建设新时代

改革开放以来，我国进入社会主义建设新时代。党的十三大明确提出"以经济建设为中心"的指导方针，围绕这一方针，广大劳动群众满怀劳动热情，积极投身到改革开放和社会主义现代化建设的伟大实践中来。1988年9月，邓小平强调"科学技术是第一生产力"，促使科技创新在社会发展中的重要性深入人心，一批以知识分子和科技工作者为代表的劳模走进了人们的视野。例如，大家熟知的"杂交水稻之父"袁隆平、"两弹元勋"邓稼先、数学家陈景润、优秀光学专家蒋筑英、微电子研究专家罗健夫等。他们解放思想、实事求是，求真务实、拼搏进取，带领着广大职工群众破解难题、勇攀高峰，为科学技术和社会经济的发展做出了卓越贡献。

20世纪90年代，随着改革开放和社会主义现代化建设的深入推进，中国经济、社会等各方面迅速发展，一大批劳动者全力以赴、勇于担当，致力于为祖国发展做贡献，积极地参与到社会各项事业的建设中来。比如，包起帆、孔繁森、李素丽、徐虎等大批劳模，他们热爱岗位、坚守岗位，默默付出、乐于贡献，充分展现了当代普通劳动者的劳动风采。这一时期的劳模不仅要具有无私奉献、拼命加苦干的"老黄牛"精神，更强调的是要紧紧服务于社会主义现代化建设，对生产力发展有促进作用，对社会主义事业有突出贡献。

随着知识、信息时代的到来，劳模群体不仅仅在生产劳动和生产实践中默默奉献，也在不断提高思想道德素质和科学文化素质。比如，许振超、孔祥瑞、宋鱼水等劳模，他们不断学习科学知识，在实现个人价值的同时创造社会价值，实干、创新成为他们的典型特征。

（四）中国特色社会主义新时代

党的十八大以来，党和国家事业发生了历史性变革，取得了历史性成就，中国特色社会主义进入了新时代。面对新情况、新问题，党和国家高度重视创新发展，不断推进理论创新、制度创新、科技创新、文化创新等各方面的创新。《中华人民共和国经济和社会发展第十四个五年规划和2035年远景目标纲要》提出，要坚持创新在我国现代化建设全局中的核心地位。

关于创新发展，习近平总书记强调："要实施职工素质建设工程，推动建设宏大的知识型、技术型、创新型劳动者大军。"[①] "广大知识分子要增强创新意

①习近平.在庆祝"五一"国际劳动节暨表彰全国劳动模范和先进工作者大会上的讲话[N].人民日报，2015-04-29.

识，敢于走前人没有走过的路，敢于抢占国内国际创新制高点……"① 与此同时，党和国家高度弘扬精益求精的工匠精神，引导广大劳动者要干一行、爱一行、钻一行。可见，这一时期的劳模精神，更加强调创新创造、精益求精的时代内涵。其中的劳模代表有：航天特种熔融焊接工高凤林，40 年来，先后为 100 多发火箭焊接过发动机，占我国火箭发射总数近四成，攻克了 200 多项航天焊接难关，被誉为焊接火箭"心脏"的人；高铁首席研磨师宁允展，扎根一线近 30 年，用自己精湛的操作技能和高度的责任心，攻克了动车组转向架多道制造难题，所制造的产品创造了十余年无次品的纪录，为高铁列车的顺利生产做出了突出贡献；"捞纸大师"周东红，1986 年从事捞纸工作至今，每天至少在纸槽边站立 12 小时，始终保持成品率 100%、产品对路率 97% 的突出纪录，赋予了传承千年的宣纸技艺新的时代价值。

这一时期，不论是在载人航天、探月工程、北斗导航、量子通信、深海探测、高铁、5G 等领域，还是在决胜全面建成小康社会、决战脱贫攻坚等工作中，我国工人阶级和广大劳动群众都发挥了主力军的作用，充分展示了他们身上勤勉工作、恪尽职守、积极进取、攻坚克难、刻苦钻研、精益求精的精神品质。可见，新时代的劳模精神、劳动精神和工匠精神继承了中华民族优秀传统文化的精髓，其内涵更加丰富和完善，引领广大劳动群众勤奋做事、勤勉为人、勤劳致富，为实现中华民族伟大复兴注入了强大的精神动力。

从"埋头苦干"到"创新劳动"，劳模精神的内涵在不断地丰富，外延也在不断地拓展，但不论时代怎样变迁，劳模精神的本质是一脉相承、永远不变的，那就是热爱祖国、热爱劳动，以及全心全意为人民服务，这是劳动者的本色，需要我们继续传承下去。

三、劳模精神的内涵和特征

（一）劳模精神的内涵

"长期以来，广大劳模以平凡的劳动创造了不平凡的业绩，铸就了'爱岗敬业、争创一流，艰苦奋斗、勇于创新，淡泊名利、甘于奉献'的劳模精神。"② 劳模精神是一种强大的精神力量，其核心内容就是劳动模范身上的优秀品质和先进事迹，值得我们深入解读。下面就前面两点加以介绍。

① 习近平.在知识分子、劳动模范、青年代表座谈会上的讲话 [N].人民日报，2016-04-30.
② 习近平.习近平在同全国劳动模范代表座谈时的讲话 [N].人民日报，2013-04-29.

1.爱岗敬业、争创一流

爱岗敬业、争创一流是劳模精神的本质特征，体现了劳模们积极劳动、履职尽责、创优争先的敬业精神和进取精神。无论何种职业、何种岗位，要想把工作做到最好最优，都需要充分发挥爱岗敬业、争创一流的优秀品格。

（1）爱岗敬业

爱岗就是热爱自己的工作岗位，热爱本职工作。一个人只有爱岗，才能真正明确自己的岗位职责，知道应该做什么、怎么做、做到什么程度，才会把每一件小事都做好做实，并在岗位上有所作为、有所贡献。敬业就是全身心地投入工作中，用一种恭敬严肃的态度对待工作。敬业的人不仅有强烈的事业心和勤勉的工作态度，还会自觉提升专业本领，扎扎实实地掌握好专业基本知识，努力成为行业里的行家。爱岗敬业是职业道德的基础，是一个人在工作中最基本、最重要的精神品质。

爱岗敬业的人不论是对自己的本职工作，还是对社会、对国家都具有高度的责任感和使命感。

学习劳模身上的爱岗敬业精神，就是要我们懂得，不管是工厂车间的工人、田间地头的农民，还是商场店铺的服务员、三尺讲台上的教师……每一个工作岗位都是至关重要的，没有高低贵贱之分，也没有价值大小之别。只有立足于自己的工作岗位，把心思和精力集中到工作上来，踏实劳动、勤勉工作，才能取得成绩、获得进步，成为对社会有用的人。

（2）争创一流

争创一流是一种奋发向上的精神状态，可以内化为每个人前进的动力。简单地说，就是要有闯劲和干劲，勇于走在前列，创造优异的工作成绩。因此，争创一流就要求劳动者：一要对自己严要求，不断学习进步，提升自己的工作能力；二要有宽阔的视野和开放的思维，能够顺应时代发展趋势，不断激发自己的活力和创造力；三要对自己和未来充满信心，用积极的心态面对工作中的困难、挫折和挑战；四要努力前进，不断超越自己取得的成绩，勇攀高峰，而不是原地踏步、不思进取。

劳动模范是争创一流的典范，他们身上总是有争创一流的干劲。学习劳模，就要学习许振超和李素丽身上的责任意识和进取意识，坚决抵制畏首畏尾的负面思绪，不仅要练就过硬的工作能力，还要有勇气、有胆量，敢于尝试，努力做出一流成绩。同时，要牢记全心全意为人民服务的宗旨，积极投入为人民服务的事业中。

2.艰苦奋斗、勇于创新

艰苦奋斗、勇于创新体现了劳模们勤勤恳恳、坚毅刚强的工作作风和开拓进取、敢为人先的拼搏精神，不论是面对艰难困苦还是创新创造都需要敢于拼搏和突破的勇气。因此，广大劳动者既要传承好艰苦奋斗的优良传统，又要弘扬好敢于突破创新的时代品格。

（1）艰苦奋斗

艰苦是走向成功的必经过程，愿意吃苦、吃得下苦的人，必定有决心面对工作中的困难，把工作做得更出色。奋斗是需要付诸实际行动的，不论是学习、生活还是工作，都要少讲些虚话，多干些实事，这样才能取得进步和发展。艰苦奋斗是中华民族的传统美德，也是中国共产党人的政治本色。

任何理想的实现、事业的成功，都离不开艰苦奋斗，我们要继续学习和发扬劳模身上不畏艰难困苦、勇于斗争、奋发图强的精神品格，积极参与到党和人民的事业建设中来。

（2）勇于创新

创新的本质是突破，要敢于突破旧的框框条条，敢于接纳新鲜事物，学会用新思路、新方法来做出新成绩。因此，创新需要广大职工立足本职岗位，提高认识、提升能力，开阔思路、改变思维，勇于尝试、坚持不懈，以锐意进取、求新求变的勇气开展工作。只有勇于创新，不断在实践中探索、尝试，才会有所发展，有所进步。

广大劳模在劳动实践中用心发现难题、破解难题，敢为人先、勇于创造，为祖国的建设贡献了重要力量。我们要学习劳模勇于创新的精神，从自己的学习和工作开始，不断寻求新方法，提升学习效率，提高工作质量，以小聚大，共同促进社会主义各项事业的高质量发展。

（二）劳模精神的特征

劳模精神是在中国共产党领导革命、建设和改革的伟大实践中孕育而生的，其核心内涵传承和发展了中华民族精神，体现了中国工人阶级的先进性，同时，顺应时代的发展变化，彰显了以改革创新为核心的时代精神，具有鲜明的民族性、时代性、先进性和实践性特征。

1.民族性

劳模精神传承和丰富了伟大民族精神，是极具中国特色的中国精神。首先，劳模精神的内涵高度概括了民族精神的核心要义，成为民族精神的一个组成部分。

中华民族是勤于劳动、善于创造的民族。五千多年来，中华儿女以辛勤的劳动实践，创造了光辉的历史和灿烂的文化。劳模精神汲取了中华民族的优秀传统文化，把热爱祖国、无限忠诚、勤劳勇敢、奋发进取的民族精神发扬光大，比如王顺友、樊锦诗、黄大年等一大批劳模用实际行动充分展现了热爱劳动、辛勤创造的劳动思想，生动地体现了民族精神的实质和内涵。其次，劳模精神创新和发展了伟大民族精神。劳动模范是民族精神的践行者，不论身处什么样的时代，劳动模范一直在积极劳动、努力付出，创新符合社会发展和时代需要的劳动价值观，营造热爱劳动、尊重劳动、崇尚劳动的良好社会氛围，给全体社会劳动者传递正能量，引领大家积极投身到中国特色社会主义事业的建设中来。民族精神的内涵在这一过程中不断丰富和发展，因此，劳模精神与中华民族精神是一脉相承的，具有鲜明的民族性。

2. 时代性

劳模精神是伟大时代精神的生动体现。一方面，劳模精神凸显了时代精神的主要内容和本质特征。劳动模范是先进生产力的代表，在创造性实践和不断探索中，激发出解放思想、实事求是、与时俱进、开拓创新的精神风貌和顽强拼搏、锐意进取、实事求是、乐于奉献的高尚品格，生动地体现了以改革创新为核心的时代精神，展现了时代发展主题和社会前进方向。另一方面，劳模精神不是一成不变的，而是随着社会的发展和时代的变迁不断发展变化的。从革命战争时期的朴实忠厚、任劳任怨，到新时代的与时俱进、创新创造，劳动模范不仅传承了艰苦奋斗、勤劳踏实的精神传统，而且汲取了许多新的时代元素，充分展现了鲜明的时代风貌。与此同时，劳模精神在发展演变的过程中，也在催生出新的精神品质，使时代精神得以丰富和发展。

3. 先进性

劳动模范代表着先进的工人阶级，他们身上凝结的优秀品质就是劳模精神的具体体现。首先，劳模精神集中表现了工人阶级的先进性，在我国无论是进行革命、建设还是改革，劳模群体一直勇挑重担、冲锋在前，不仅严格规范自身的行为，使自身保持先进的品格，而且紧跟时代发展的步伐，不断创新创造，为社会的发展进步贡献了巨大力量。其次，劳动模范身上强烈的主人翁责任感是工人阶级先进性的本质体现，正是这种高度的责任感，使他们自觉把个人与国家和社会联系在一起，艰苦奋斗、勇于拼搏，为祖国各项事业的发展进步奉献青春年华，成为先进生产力的代表。最后，劳模精神的先进性还体现在对普通劳动群众的价值引领方面。劳动模范以自身的言行，感染和影响着其他劳动人民，用劳模精神带动着更多的劳动人民投身劳动创造和社会主义现代化建设，培育了工人阶级爱岗敬业、无私奉献、舍己为人的优良品格，帮助青少年树立了劳动光荣、劳动创造幸福的正确的劳动观念。

4. 实践性

劳模精神是一种实践精神。首先，马克思主义劳动观强调人和社会的一切生产创造都离不开劳动，人类通过劳动实践，不仅创造了物质财富还创造了精神财富，推动了社会的发展进步。劳模精神继承和发展了马克思主义劳动观，是我们创造美好生活的强大精神动力和宝贵的精神财富，其本质就是实践。其次，劳模精神作为一种文化精神，不是无源之水、无本之木，是在中国共产党领导的革命、建设和改革的伟大实践中孕育而生的。劳模精神历经中国革命、建设和改革的不同历史时期，其内涵在不断丰富和发展，正是有社会实践这个现实基础，劳模精神才得以延续。另外，劳模精神能够不断发展创新、永葆活力，离不开劳动模范的生产生活实践。

四、劳模精神融入大学生思想政治教育的依据

"融入"的意思是一事物进入另一事物中，成为其中的一部分，但并不是所有事物都可以融合在一起，二者能够融合在一起，说明二者之间有内在联系。从理论层面上看，马克思主义关于人的全面发展理论、思想政治教育目标理论、党和国家领导人关于劳模精神的重要论述为融入提供了理论依据，从实践层面上看，劳模精神的融入有助于高校落实立德树人根本任务，有助于大学生成长为实干青年，有助于培育和践行社会主义核心价值观。

（一）高校落实立德树人根本任务的本质要求

党的十八大报告提出，要把立德树人作为教育的根本任务，培养德智体美全面发展的社会主义建设者和接班人。劳模精神融入大学生思想政治教育是高校落实立德树人根本任务的本质要求，主要体现在以下两个方面。

一是育人的根本在于立德，立德首先要在理想信念上下功夫。理想信念是引航的灯塔和远航的风帆，是大学生健康成长、成就事业、开创未来的精神支柱和前进动力。大学生成长的过程中，要面对各种各样的困难、挑战和诱惑，只有像劳动模范一样树立崇高的理想信念，才能乘风破浪、不断攀登。把劳动模范的故事融入大学生学习和生活中来，引导大学生从鲜活的故事情节中，感受劳模精神，

坚定理想信念，不断提高自身的思想道德素质和政治觉悟，激发强烈的责任感，发奋努力学习，最终成就一番事业。

二是育人的核心是树人，而树人的关键是坚持以人为本。以人为本是大学生思想政治教育应该坚持的基本理念，不仅要把大学生作为实践主体，而且要把大学生作为价值主体，满足大学生的物质、精神和发展需要。

（二）大学生成长为实干青年的现实需要

大学生的成长成才关系着国家的未来，应该努力培育大学生成为实干青年，为祖国的发展进步贡献力量。将劳模精神融入大学生思想政治教育中，能够帮助大学生确立艰苦奋斗、积极进取的人生态度，涵养勤于劳动、勇于创造的精神品格，夯实服务人民、奉献社会的价值准则，是大学生成长为实干青年的现实需要。

第一，确立艰苦奋斗、积极进取的人生态度。艰苦奋斗、积极进取是中华民族的优秀品质，也是大学生实现人生价值的内在要求。当代大学生多为独生子女，在家长的百般呵护下长大，生活安逸，容易受到拜金主义、享乐主义和个人主义等不良思想的影响。给学生讲授劳模艰苦奋斗、积极进取的感人事迹，以此引起学生的情感共鸣，使学生珍惜当下的美好生活，发扬艰苦奋斗的优良传统，做到物质上艰苦朴素，精神上积极进取。

第二，涵养勤于劳动、勇于创造的精神品格。自古以来，美好生活都是靠劳动创造的，四大发明、万里长城、京杭大运河、都江堰……都是劳动创造的具体体现。在我国革命、建设和改革的各个时期，涌现出了各行各业的劳模，他们在辛勤的劳动中不仅创造了巨大的物质财富，推动了企业技术的进步和劳动生产率的提高，为社会生产力的发展做出了重要贡献，而且创造了宝贵的精神财富，激发了广大劳动群众的劳动热情。大学生学习劳模精神，可以从劳模的先进事迹和精神品格中体会劳动成果的来之不易，感受劳动创造的巨大力量，从而主动积极地参与到劳动创造中来，在劳动实践中涵养勤于劳动、勇于创造的精神品格。

第三，夯实服务人民、奉献社会的价值准则。服务人民、奉献社会是指为人民干好事、实事，是一种甘愿付出自己、成全他人，为社会做贡献的高尚情操。夯实服务人民、奉献社会的价值准则，不仅是为了让自己幸福、现在幸福，更是为了让整个社会幸福、长久幸福。许多大家熟知的劳模，比如郭明义、申纪兰、苏永的、吴毅雄、张桂梅等，他们几年、十几年，甚至几十年如一日，坚守在平凡的工作岗位上，默默耕耘、奋斗不息，不计报酬、不为私利，脚踏实地地实现自己的人生理想和生命价值，成为广大劳动群众和全社会尊敬的先进人物。学习劳模精神的内容，能够让大学生自觉践行集体主义原则，把自己的人生目的与国家前途、民族命运、人民幸福联系在一起，自觉夯实服务人民、奉献社会的价值准则，学会在奉献中实现人生价值，在实现人生价值中做出奉献。

（三）培育和践行社会主义核心价值观的内在要求

劳模精神与社会主义核心价值观具有内在一致性。劳模精神贯穿了社会公德、职业道德、家庭美德、个人品德等各方面的内容，集中体现了社会主义核心价值观的内在要求。劳模精神融入大学生思想政治教育，为教学提供活灵活现的案例，能够让社会主义核心价值观更好地走近学生、引领学生，有利于培育和践行社会主义核心价值观。

第一，为培育和践行社会主义核心价值观提供了有效载体。劳模精神生动地诠释了社会主义核心价值观，劳模和劳模故事形象具体地体现了"我为人人，人人为我"，与"爱国、敬业、诚信、友善"的价值观在理论内涵上是契合的。大学生思想政治教育多以理论灌输为主，大多数学生兴趣不高且学习程度仅停留在知识接收层面，很容易就会遗忘。因此，以劳模和劳模故事为载体，把社会主义核心价值观融入大学生思政课堂、实践活动和日常生活中，一方面可以让大学生更真实有效地感悟社会主义核心价值观，另一方面，可以让大学生以劳模为镜子正视自己、规范自身行为，从实际情况出发践行社会主义核心价值观。

第二，深化了大学生的爱国主义情怀。"热爱祖国"是劳模评选的首要条件，也是社会主义核心价值观的第一个基本理念。劳动模范把无私奉献作为准则，用努力工作的方式来表达对祖国的热爱。榜样的力量是无穷的，充分发挥劳模的榜样模范作用，能够深化大学生的爱国主义情怀。只有不断塑造自己、增强本领，才能为做好国家工作做好准备。

第三，强化了大学生的敬业精神。"爱岗敬业"是劳模评选的基本条件，也是社会主义核心价值观倡导的公民职业道德。宣讲劳模工作事迹，领悟劳模精神内涵，一方面能够让大学生学会用责任心做好每一件事，踏踏实实、勤勤恳恳地工作，另一方面能够提高大学生在工作中面对困难、应对挫折的能力，像劳模一样既能苦干、实干，又能巧干。

第四，拓展了培育和践行社会主义核心价值观的实践路径。以劳模精神为切入点，可以有效推进劳动教育与专业教育、实习实训、学校劳动、社会实践、志愿服务、职业生涯教育、就业指导等相结合，让学生有更多的机会走出课堂，去认识社会、了解国情，在亲自动手解决实际问题的过程中加深对课堂知识的理解，领悟劳模精神的内涵，从而身体力行地践行社会主义核心价值观。

第二节　劳模精神融入大学生思想政治教育的调查分析

劳模精神与大学生思想政治教育相融相通，但目前大学生思想政治教育尚未充分发挥劳模精神的教育作用。为解决这一问题，就需要深入了解劳模精神在大学生思想政治教育中的融入情况。

一、调查设计及结果分析

高校是大学生思想政治教育的主要阵地，此次调查主要是为了了解高校运用和弘扬劳模精神的情况。只有掌握了基本情况、了解了主要问题，才能探索出切实可行的解决路径，达到引领学生、教育学生的理想效果。

（一）调查设计

1. 调查目的

此次调查旨在了解大学生对劳模精神的认知情况以及劳模精神融入大学生思想政治教育的现实情况。通过分析调查数据、研究调查结果，归纳总结出劳模精神融入大学生思想政治教育存在的问题，并对存在的问题进行剖析，为下一步有效路径的提出提供依据和支撑。

2. 调查形式和内容

为全面了解劳模精神融入大学生思想政治教育的基本情况，调查采用对学生进行问卷调查、对教师进行访谈的形式展开。

一是问卷调查。此次问卷共包含 29 道题目，主要由四个方面的内容组成。第一方面，主要是收集一些个人基本信息，包括性别、年级、专业、政治面貌等。第二方面，是与劳模精神相关的基础问题，目的在于了解大学生对劳模精神的认知情况。第三方面，是关于劳模精神在大学课堂的运用情况，旨在进一步了解劳模精神融入大学生思想政治教育的基本现状及其融入程度，以便查找存在的问题及分析原因。第四方面，是学生对劳模精神融入大学生思想政治教育的态度及评价，可进一步了解大学生对劳模精神融入思想政治教育的整体感受，为有效对策的提出奠定基础。

二是访谈。访谈提纲共设置了 6 个问题，主要围绕当前高校教师对劳模精神这一教育资源的掌握和运用情况，以及主要采取哪些方式将劳模精神融入思想政治教育中，效果如何，等等。

3. 调查样本

问卷调查选取某省 6 所不同类型的高校进行抽样调查，调查对象主要是大一到大四的在校大学生。从性别来看，女生人数有 384 人，占调查总人数的 54.08%，男生人数有 326 人，占调查总人数的 45.92%，女生人数比男生人数略高。从年级来看，大一到大四的在校大学生中，大一年级的学生有 172 人，占 24.23%，大二年级的学生有 184 人，占 25.92%，大三年级的学生有 208 人，占 29.30%，大四年级的学生有 146 人，占 20.56%，四个年级的学生人数占比相差不大。从专业类别来看，理工类的学生人数有 254 人，占 35.77%，文史类的学生人数有 306 人，占 43.10%，医学类的学生人数有 72 人，占 10.14%，体育艺术类的学生人数有 78 人，占 10.99%。从政治面貌来看，共青团员的人数最多，有 408 人，占 57.46%，中共党员（含预备党员）的人数有 244 人，占 34.37%，群众的人数有 58 人，占 8.17%。总体来说，本次问卷调查涉及 6 所高校中多个不同年级、专业和政治面貌的学生，且数量分布合理，用较大范围的单位和人群来确保统计数据的有效性。

此外，访谈主要采取线上和线下的形式进行，根据访谈提纲随机访谈了来自上述 6 所不同类型高校的 33 位教师，其中包括思政课教师、非思政课教师、辅导员、校团委教师、学生工作部教师、宣传部教师等。

4. 调查结果统计

此次问卷调查共发放问卷 780 份，实际收回问卷 734 份，回收率为 94.10%，有效问卷 710 份，有效率为 96.73%。其中，某大学 140 份，回收 136 份，有效问卷 135 份；某师范大学 160 份，回收 160 份，有效问卷 159 份；某理工大学 140 份，回收 139 份，有效问卷 138 份；某民族大学 140 份，回收 137 份，有效问卷 137 份；某艺术学院 100 份，回收 78 份，有效问卷 69 份；某中医药大学 100 份，回收 84 份，有效问卷 72 份。

（二）调查结果分析

1. 大学生对劳模精神的认知情况分析

为了充分了解劳模精神融入大学生思想政治教育的具体情况，发现存在的问题，并提出有效建议，问卷设置了与劳模精神相关的基础问题，主要调查了大学生对劳模精神的了解程度和了解的途径，以及对劳模精神的价值认知情况。

（1）对劳模精神的了解程度

通过调查发现，95.63%的学生听说过劳模精神；对劳模精神的内涵的了解，半数以上的学生了解大部分或者其中一部分，5.21%的学生是完全不了解的；大多数学生对王进喜、袁隆平、邓稼先等劳动模范有较全面的认识和了解，但从整体来看，其认识程度是参差不齐的。

（2）了解劳模精神的途径

调查数据显示，大学生对劳模精神的了解途径：92.11%的学生是通过电视、网络新闻，80.42%的学生是通过课上教师的讲授，70.7%的学生是通过学校的宣传活动。

（3）对劳模精神的价值认知情况

调查发现，共有99.58%的学生认为劳模精神没有过时；97.46%的学生认为应该学习劳模精神；对于如何弘扬劳模精神，52.11%的学生认为要学习劳模精神的精髓，并自觉将其应用到生活中。

从这些数据中可以发现，大学生对劳模精神的价值和意义持积极的态度，但在如何弘扬劳模精神的问题上，认识不够清晰，还处在被动认识阶段。

2. 劳模精神融入大学生思想政治理论课情况分析

在回答"您所在学校开展劳模精神教育的主要途径有哪些？"这一问题中，90.56%的学生选择了"思想政治理论课"。

在回答"思想政治理论课上，您是否学习到劳模精神的相关内容？"这一问题中，12.25%的学生表示"学到许多内容"，54.37%的学生表示"学到部分内容"，30.56%的学生表示"只学到一点"，2.82%的学生表示"没有学到"。

在回答"关于思想政治理论课上讲到的劳模精神，您是否感兴趣？"这一问题中，72.54%的学生表示"很感兴趣"，26.2%的学生表示"兴趣不大"，1.27%的学生表示"不感兴趣"。

在对教师进行访谈时，思政课教师普遍表示课堂上讲到中国精神内容的时候，会给学生讲述劳模精神，课堂时间允许的情况下，也会进行相关内容的拓展。

综上，目前劳模精神融入大学生思想政治理论课的整体情况良好，对在校大学生来说，通过思想政治理论课这一途径来学习劳模精神的可行性较高，但学生学到的相关内容不多，实效性还有待提高。

3. 劳模精神融入大学生日常思想政治教育情况分析

在"校园文化对您认识劳模精神、树立正确的劳动价值观有帮助吗？"的回答中，"帮助很大"占67.61%，"一般"占29.72%，"帮助很小"占2.25%，"没有帮助"占0.42%。

在"您所在的学校是否举办过学习劳模精神系列活动？"的回答中，"经常举办"占27.46%，"偶尔举办"占46.62%，"没有举办过"占8.03%，"不清楚"占17.89%。由此，可以看出部分高校对劳模精神不够重视，对举办的相关活动宣传力度也不够，存在学生不知悉的情况。

在"您所在学校是否会经常组织劳模精神教育实践活动？"的回答中，"经常组织"占31.55%，"偶尔组织"占57.75%，"没有组织过"占10.7%。

在"您是否会积极主动地参加学校组织的劳模精神教育实践活动？"的回答中，"积极参加"占48.17%，"偶尔参加"占48.03%，"从不参加"占3.8%。

上述数据表明，大部分高校组织学生参加劳模精神教育实践活动的次数不多，而学生参加活动的主动性和积极性也不高。访谈中，大部分教师表示学校有给教师和学生宣传过劳模精神，也开展过相关的实践活动，但活动次数较少，学生参与的人数也不多。由此可见，当前劳模精神融入实践活动的程度较浅，大部分学生在实践锻炼方面较薄弱。

在"您如果没有参加过学校组织的劳模精神教育实践活动，是基于以下哪种原因？"的回答中，"不感兴趣"占4.51%，"时间太紧"占36.48%，"不知道它的存在"占21.83%，"其他原因"占37.18%。大部分学生选择了"时间紧"和"其他原因"，但其根本原因还是对劳模精神不感兴趣。另外，有21.83%的学生不知道有这个活动，说明活动实施过程中，存在宣传通知不到位的情况。

在"如果所在学校开展学习劳模精神宣传活动，您认为哪种宣传方式最有效？"的回答中，21.83%的学生选择"发放关于劳模精神的宣传手册"，16.2%的学生选择"在宣传栏张贴海报"，11.41%的学生选择"其他"，50.56%的学生选择"利用官方微博、微信公众平台等新媒体"。这说明新时代的大学生更倾向于新媒体宣传的方式。

在"您是否会参加学校举办的劳模精神讲座或论坛？"的回答中，有

38.45% 的学生表示会参加，有 56.76% 的学生表示看情况，有 4.79% 的学生表示不会参加。这表明大部分学生学习劳模精神的积极性不够高，还存在少部分学生不愿意学习的情况。

在"您所在学校会组织你们观看劳动模范题材的影片吗？"的回答中，"相关节日组织"占 42.11%，"定期组织"占 21.69%，"从不组织"占 8.03%，"不清楚"占 28.17%。

在"观看完劳动模范题材的影片后，您有什么感想？"的回答中，有 74.15% 的学生表示"感想一般，不会深入思考"，22.44% 的学生表示"感想很深，开始思考劳模的行为方式和劳动情怀"，3.41% 的学生表示"没有感想，看过就看过了"。

综上，多数高校开展了与劳模精神相关的校园活动，但不够丰富，活动宣传不到位且吸引力不强，部分学生对学校举办的活动不感兴趣，对劳模精神的认识停留在表面。可见，在弘扬劳模精神方面，校园文化还没有起到很好的感染学生、影响学生的作用。

二、劳模精神融入大学生思想政治教育存在的问题

当前，劳模精神已走进校园和思政课堂，融入取得了一定成效，但仍然存在诸多问题。根据上一节对调查结果的汇总分析，概括总结出融入过程中存在的问题主要有融入"第一课堂"的深度不够、融入"第二课堂"环节薄弱。具体分析如下。

（一）融入"第一课堂"的深度不够

就高校思想政治教育而言，思想政治理论课是"第一课堂"，是立德树人的重要课程之一。培育和弘扬劳模精神，帮助大学生养成符合社会需要的精神品格，离不开高校思想政治理论课。然而，通过访谈和分析问卷调查数据可以发现，劳模精神与思想政治理论课并没有紧密联系起来，融入的深度不够。

首先，大学生思政课与劳模精神有关的内容寥寥无几，尚未形成系统的知识模块。在"思想政治理论课上，您是否学习到劳模精神的相关内容"的调查中，只有 12.25% 的学生表示在思想政治理论课上学到了许多有关劳模精神的内容，有 54.37% 的学生表示只学到了部分内容，还有 2.82% 的学生表示完全没有学到。

可见，虽然大部分高校已经认识到思想政治理论课对培育和弘扬劳模精神的重要性，多数思政课教师也会在课堂上讲授或提及劳模精神。但是，由于教材没有直接涉及劳模精神，教师只是在思修课"创造人生价值、弘扬中国精神、职业道德"等相关模块的讲授中适当扩展知识，做个简单的概述，并没有向学生深入

讲述劳模精神的形成背景、发展过程、内涵实质、价值意义等具体内容。甚至有少数老师认为可讲可不讲，课堂上几乎未涉及相关内容的拓展。由于融入"第一课堂"的深度不够，学生学习劳模精神的效果也没有很好地显现出来。

其次，思想政治理论课吸引力不够，相关内容未被充分吸收。虽然在学校开展劳模精神教育的途径调查中，90.56%的大学生表示其所在学校开展劳模精神教育的主要途径是思想政治理论课，但调查数据显示，对思政课上讲到的劳模精神相关内容，26.2%的学生表示"兴趣不大"，还有1.27%的学生表示"不感兴趣"。这从侧面反映出部分教师的课堂吸引力不够，忽略了学生的兴趣点和接受度，导致学生在课堂上学习效率不高，有关内容没有深入头脑，劳模精神的教育引领作用也没有有效地发挥出来。导致这一现象的主要原因是每节课的教学时间是有限的，教师在有限的时间内要完成指定内容的知识讲解，并且会把更多的时间花在规定内容上，像劳模精神等拓展内容更多是要求学生课下自主学习。然而，自主学习很大程度上考验学生的自我约束能力及知识拓展能力，大部分学生不会按质按量完成。

（二）融入"第二课堂"环节薄弱

实践出真知，实践锻炼对学生的影响最为直接也最为深刻。开展劳模精神教育，不仅需要教师给学生详细地讲解劳模精神的具体内容，让学生通过听课的方式，理解劳模精神的内涵，明白为什么要学习劳模精神以及怎样学习劳模精神，而且需要将其融入"第二课堂"。通过"第二课堂"不断丰富和发展所学的理论知识，使劳模精神外化为实际行动，从而全面提升青年大学生的劳动素养。然而，调查结果显示劳模精神融入"第二课堂"环节相对薄弱。

首先，融入过程中，学校开展的劳模精神实践活动次数较少。在"您是否认同'劳动最光荣，劳动开创未来'"的调查中，96.34%的学生表示非常认同，可见，绝大多数学生能够正确认识劳动，肯定劳动价值。但在"您所在学校是否会经常组织劳模精神教育实践活动"的调查中，有57.75%的学生表示学校只是偶尔组织，还有10.7%的学生表示学校没有组织过。由此可见，学校更多倾向于课堂教育，大多是理论层面上的教化引导，使学生认识劳动的重要性，而劳模精神实践活动开展得相对较少，学生参与实践锻炼的机会并不多，理论上的认识并没有完全转化为实际行动。

其次，学校开展的劳模精神实践活动方式简单，"第二课堂"作用的发挥不明显。在调查过程中，我们发现学校开展劳模精神实践活动的途径主要有两个。

一是带领学生参观实践教育基地。参观实践教育基地虽然可以让学生近距离接触劳动模范，增强亲身感受，但大多数时候仅仅是参观学习，然后让学生分享心得体会或提交纸质作业，切身参与实践锻炼的机会很少，导致多数大学生的学习认识并没有入脑入心，真正转化为行动上的自觉。二是开展劳动课。学校劳动课由理论知识学习和劳动锻炼两部分组成，可让学生把理论和实践结合在一起。但存在一个共性问题：劳动锻炼时长短、内容少且大多流于形式，大部分学生在劳动课上只是简单参与一下，思想意识上还是把其当作一项课业任务来完成，并没有在这个过程中真正感悟到劳动的重要性和意义。

三、劳模精神融入大学生思想政治教育存在问题的原因分析

劳模精神有利于塑造大学生的思想品行，是教育引领大学生脚踏实地、努力奋进的重要资源。然而，当前劳模精神融入大学生思想政治教育所面临的问题，致使其难以有效融入，而造成这些问题的原因是多方面的。

（一）社会不良思想的影响

首先，各类新兴媒体的出现，使人们获取信息的途径不断增加，可获得的信息量也越来越大。西方国家打着交流借鉴的旗号，利用新媒体平台对我们进行文化渗透，比如通过各类影视作品、网络游戏等向我们传输西方的价值取向和思想观念，大肆宣扬所谓的自由、民主思想，使我们的思想受到冲击。大学生是使用网络媒介的主要群体，经常接收到各种良莠不齐的信息，但由于大学生的心智尚未完全成熟，缺乏社会经验，容易受到一些错误信息和不良文化的左右，形不成正确的价值判断，甚至误入歧途。

其次，随着互联网经济的快速发展，直播带货、直播探店等一些新兴职业应运而生，在促进经济发展、便利人们生活的同时，像网络红人日进斗金、选秀明星一夜暴富等社会现象也在冲击着大学生的价值观念，助长了其不求上进、不思进取、不劳而获、好逸恶劳等不良思想。在这些不良思想的影响下，有的青年大学生喜欢以自己为中心，不善于和他人沟通合作；有的花钱大手大脚，喜欢用花呗、借呗，提前消费；有的喜欢攀比享乐，不知父母的辛劳付出；有的消极应付学业，逃课作弊；有的面对一点点挫折困难，就垂头丧气、没精打采；有的盲目崇拜娱乐明星，渴望自己也能一夜成名；有的随意浪费食物，不珍惜他人的劳动成果；有的不愿意参加劳动，吃不了苦、受不了累……

最后，互联网形形色色的快餐文化大量渗透在青年大学生的学习和生活之中，致使越来越多的大学生读名著只读精简版，想学东西只报速成班，喜欢微博、微

信、短视频等快餐式阅读，这种学习形式虽然简易方便，但没有太多的营养，只能满足暂时的需求，吸收的太多反而会影响大学生的身心发展。此外，快餐文化由大量的碎片化信息构成，其中不乏一些模糊的认识，无形中也在误导大学生，致使大学生忽略精神上的富有，盲目追求娱乐消费。

在社会不良思想的影响下，许多大学生追求新鲜和与众不同，也更容易浮躁，无法静下心来认真学习劳模精神，内心也无法真正认同劳模精神，也就谈不上发挥好劳模精神的育人价值。

（二）高校缺乏融入的保障机制

高校教育工作是一项系统工作，结构性很强，每一项工作的有效落实都离不开各部门相辅相成、共同作用，这就需要形成一个完善的保障机制。大学生劳模精神教育工作也不例外，只有拥有一个完善的保障机制，才能确保各项工作的顺利开展。然而，在此次问卷调查中，我们了解到经常举办学习劳模精神活动的高校只占 27.46%，还有 17.89% 的学生不清楚学校是否举办过此类活动。可见，大部分高校并不重视劳模精神与大学生日常思想政治教育的融合，同时，这也间接地反映了当前高校的思想政治教育管理机制是不完善的，缺乏融入的保障机制，导致相关工作不能系统有序地进行。

首先，高校缺乏完善的组织管理机制。具体而言，劳模精神教育由谁带头开展、以何种形式开展、各流程具体由谁负责实施、由谁进行监管……这一系列的问题都需要在管理机制中落实清楚。由于缺乏完善的组织管理机制，高校开展劳模精神教育的工作出现了脱节问题，并没有将劳模精神系统地融入日常思想政治教育活动中，各职能部门也没有形成合力。对于少有的学习劳模精神活动还存在宣传力度不够的情况，这就限制了劳模精神在大学生中的广泛传播。

其次，部分高校对劳模精神教育的重视度不高，没有投入足够的人力、物力和资金支持，导致劳模精神教育活动的运行得不到保障，存在活动进行不下去或活动设备不完善、达不到预期效果的情况。调查数据显示，大部分高校只有在相关节日才会组织学生观看劳动模范题材影片，开展劳模精神教育实践活动的次数也不多，其中的一个重要原因就是缺乏保障机制。此外，当前高校只对大学生劳动课的实行情况进行监督评价，很少有对劳模精神教育进行监督评价的，其实，二者是相互联系在一起的，劳模精神教育若取得成效也能内在地促进劳动教育的开展和落实。

（三）教学方式单一

劳模精神是宝贵的精神财富，对大学生的思想品德具有积极的引导作用。然而，当前劳模精神融入思想政治教育的效果并不明显，大学生对学校开展劳模精神教育的方式满意度一般，其中一个主要原因是大部分高校的教学方式单一，学生的积极性调动不起来。

首先，课堂教学方式单一，越来越不适应学生需求，成为影响教学效果的重要因素。高校虽然一直在倡导促进学生的全面发展，但长期处于应试教育背景之下，大部分教师在教学过程中仍以理论输出为主，一定程度上忽略了学生的情感体验。由于缺乏双向互动，教师没能及时掌握学生的学习情况，以至于课堂气氛活跃不起来，学生的兴致也不高。虽然人待在课堂上，但参与不进去，直接影响到教学效果的显现。调查结果显示，大学生接受劳模精神教育的主要方式是思想政治理论课，但在课上，真正学到知识的学生并不多，还有一部分学生对教师讲的这些内容不感兴趣，这说明以理论灌输为主的教学方式对现在的大学生而言没有太大的吸引力。因此，需要教育者从多角度出发，创新课堂教学方式，提高学生的学习热情。

其次，劳模精神日常教育活动形式单一，学生接受度不高。对于大学生日常的思想政治教育，高校主要通过组织观看劳动模范题材的影视作品、开讲座、张贴海报等方式进行，这些方式虽比课堂教学吸引力大，但在"观看完劳动模范题材的影片后，您有什么感想？"的调查中，绝大多数学生表示感想一般，不会深入思考劳模的劳动情怀和精神品质。可见，当前学校开展的劳模精神日常教育活动实效性一般，没有起到引导学生深入思考的作用，学生的认识没有上升到理性高度，劳模精神的育人价值也没有发挥出来。因此，高校在开展劳模精神日常教育时有必要思索其教学方式的可行性和实效性，从学生的角度出发选取大部分学生乐于接受的方式，以加深学生印象，提升教学效果。

（四）大学生主动学习劳模精神的意识不强

学习劳模精神并不是教师和学校要求学，而是大学生自己要学，只有具有强烈的学习意识，才能变被动为主动，切实增强劳模精神融入大学生思想政治教育的实效性。但是，从当前的学习效果来看，大学生主动学习劳模精神的意识并不强。

首先，现在的大学生多数是独生子女，从小在父母和长辈的过度关爱下成长，养成了懒懒散散的生活习惯，在享受幸福生活的同时，并没有意识到这些都是父母的艰苦努力和辛勤劳作换来的。缺乏劳动意识和劳动能力在大学生中已成为一种普遍存在的现象，比如：新生开学的时候，常常出现父母包揽全活，包括整理衣物、打扫宿舍卫生等，学生却在一旁玩手机的现象；还有的大学生将衣物寄回家让父母帮忙清洗。此外，大部分家长过于注重孩子的学习成绩和智力的发展，忽视了劳动教育。许多家长连基本的家务劳动都不让孩子沾手，这潜移默化地影响着学生的认识，致使他们看不到劳动的重要性，也就没有自觉学习劳模精神以及参与劳动实践的意识。

其次，大学生是学习劳模精神的主体，只有主体保持学习的自觉性，学习效果才会得到提升，但在学习劳模精神的过程中，大学生对劳模精神的认知程度不高，缺乏学习的自觉性。一方面，当前劳模精神虽已走进校园和课堂，但大多数学生只是简单地知晓部分劳动模范和劳模精神的存在，对具体的劳模人物、劳模事迹的认识参差不齐。在调查中，虽然有99.58%的学生认为劳模精神并没有过时，且有97.46%的学生认为当代大学生应该学习劳模精神，但只有16.48%的学生对劳模精神的主要内涵是非常了解的。在学习的过程中，大部分学生仅限于课上听教师讲解或是浏览网页时看一下，并没有更深入地去了解认识。由此可知，多数大学生对劳模精神的理解浅显，不能准确把握其内涵本质。另一方面，对于学校开展的学习活动（例如与劳模精神相关的实践活动、讲座、论坛等），有部分学生表示没有参加的意愿。可见，学生学习劳模精神的主动性并不强。由于缺乏主动学习的动力，多数大学生对劳模精神只是形式上的了解，很难主动将劳模精神与自身品格塑造结合起来，更别说能够自觉弘扬和践行劳模精神了。

第三节　劳模精神融入大学生思想政治教育的路径

一、立足"第一课堂"，加强劳模精神的教育引导

"第一课堂"指课堂教学，能够让学生在最短的时间里对所学知识形成系统认识。将劳模精神融入"第一课堂"，更新课堂教学理念和方法，推进"思政课程"和"课程思政"协同育人，让劳模精神贯穿思想政治教育教学的全过程，真正做到入脑入心。

（一）更新课堂教学理念和方法

教师的教学理念和方法在一定程度上决定了课堂质量和学习效果，科学的教学理念和方法，不仅可以帮助教师提高教学效率，还可以帮助学生理解消化知识

点。教师要强化课堂教学理念、创新课堂教学方法，让劳模精神更有效地融入"第一课堂"中来。

第一，教师要强化课堂教学理念。一方面，教师要自觉学习劳模精神，主动收集劳模精神相关知识，帮助学生拓宽知识面；另一方面，在教学过程中，教师要结合时事以及不同专业背景学生的发展要求，将劳模精神的历史地位和时代价值统一起来，突出劳模精神在培育时代新人、践行社会主义核心价值观中的重要作用，启发学生们思考。

第二，教师要创新课堂教学方法。劳模精神内涵十分丰富，仅仅靠课堂上"教师讲、学生听"的方式并不能达到很好的教学效果，有必要积极探索多样的教学方法，以活跃课堂氛围，丰富教学内容。

（二）发挥"思政课程"主渠道作用

思想政治理论课是落实立德树人根本任务的关键课程，是大学生提升综合素养的重要途径。因而，培养学生的劳动意识，提升学生的内在思想道德修养，需要将劳模精神融入思想政治理论课，充分发挥好"思政课程"主渠道作用。

劳模精神集中体现了爱国精神、创新精神、敬业精神和奉献精神，教师要下意识地把劳模精神带到思想政治理论课上来，促进劳模精神与"思政课程"教学内容的有效衔接。例如，在"思想道德与法律"这门课上，教师可以把劳动模范的先进事迹运用到大学生实现个人理想、创造人生价值的内容讲解中来，让学生在真实案例的学习中，懂得什么是有意义的人生以及怎样创造有意义的人生。在职业道德、个人品德的学习中，同样可以引入劳模事例，与学生一起讨论劳模身上的优秀品德，让学生在交流分享中明白品德修养的重要性，从而自觉向劳模学习，提高自我约束标准，规范自身行为。在"中国近现代史纲要"这门课上，教师可以将革命道路的艰辛探索和革命前辈们的顽强奋斗的优秀品质和劳模精神的科学内涵联系起来，使学生明白美好生活来之不易，要更加珍惜今天的幸福生活，尊重他人的劳动成果，把奋斗精神、实干精神继续传承和发扬下去。

（三）发挥"课程思政"协同作用

"课程思政实质是一种课程观，不是增开一门课，也不是增设一项活动，而是将高校思想政治教育融入课程教学和改革的各环节、各方面，实现立德树人润物无声。""课程思政"能够让劳模精神培育工作贯穿教育教学之中，实现全程育人。

劳模精神融入"课程思政"，要求高校教师要准确认识到劳模精神培育并不仅仅是思政课的教学任务，还是每一门课程共同的教学任务。因此，每一位教师在课程教学中都要主动把劳模精神融入其中，构建协同育人的格局。例如，数学课上，教师在讲解"陈氏定理"时，可以给学生讲述数学家陈景润在攻克哥德巴赫猜想，创立"陈氏定理"的过程中发生的有趣故事，让学生学习劳模陈景润身上潜心学习、勇攀科学高峰的科学精神；历史课上，教师可以在讲述中华人民共和国历史的过程中，把李顺达、邓稼先、袁隆平等人的先进事迹穿插其中，这样不仅可以使历史课堂活跃起来，还可以引导学生思考劳模们对祖国发展建设做出的重要贡献，鞭策他们以劳模为学习榜样，积极投身到中国特色社会主义事业的建设中来。总之，要把思想政治理论课与各类课程紧密结合在一起，同向同行，这样才能潜移默化地影响学生，让学生在"润物细无声"中吸收劳模精神的精髓，并将其转化为自觉行动。

二、借助"第二课堂"，增强劳模精神的影响力

"第二课堂"指的是有利于学生全面发展的课外活动，是大学生思想政治教育的重要环节。将劳模精神融入"第二课堂"，让学生通过社会实践增长才干，将所学的知识转化为自觉行动，实现实践育人。

（一）加强校园劳动锻炼

劳动锻炼不仅可以提高大学生对劳模精神的认识，还可以帮助大学生养成良好的劳动习惯，增强劳动意识。因此，高校要扎实推进大学生劳动教育课，加强劳动锻炼。

第一，高校要扎实推进大学生劳动教育课。劳动课可以培养学生的社会责任感和实践能力，可以让学生放下手机、电脑，走出寝室，去亲近大自然，感受劳动带来的快乐。学校可以细化劳动教育课课程实施标准，采取学分制，让学生通过劳动赚学分。

第二，高校可以开展志愿劳动服务，在加强劳动锻炼的同时，提高学生的服务意识。比如：学校可以在食堂、图书馆、大学生活动中心、宿舍等场所，开设学生志愿服务窗口，鼓励学生到窗口进行志愿服务。学生可以在食堂窗口为同学打菜、在图书馆整理摆放图书、在大学生活动中心提供咨询服务……此外，学校可以建立"每周劳动日"，把每周的周日定为劳动日，组织学生开展集体劳动，进行宿舍卫生和教室卫生的大扫除。学生只有真真切切地参与到劳动锻炼中来，才能明白劳动的辛苦，才会更加珍惜别人的劳动成果，才能懂得劳动的重要性，从而更有意识地锻炼自己的劳动能力。同时，通过日常点滴的积累，让学生明白只有从小事做起，

从身边事做起，做好自己力所能及的事情，才能够像劳动模范一样为他人和社会做贡献。

（二）拓展社会实践活动

社会实践活动可以培养学生的创新精神和实践能力，提升学生的综合素质。学校开展劳模精神社会实践活动，有利于帮助学生将感性认识上升为理性认识，促进知识的转化和拓展，提升他们对劳模精神的认知。

第一，高校可以组织参观考察活动。参观考察是社会实践活动中最常见的一种活动形式，可以帮助学生开阔视野、增长见识。各高校可以开展形式多样的参观考察活动。

第二，高校可以把劳动实践和特殊节日结合起来。特殊节日如植树节和"五一"劳动节都与劳动实践有着紧密联系，学校可以借助特殊节日开展社会实践活动，在节日气氛中弘扬劳模精神，让学生加深印象。

第三，高校可以组织学生到劳动教育基地参加劳动。可以培养学生的观察能力和动手能力，帮助学生掌握劳动技能，获得情感体验。

三、健全体制机制，加强弘扬劳模精神的制度保障

劳模精神融入大学生思想政治教育不仅要取得实效还要长久运行下去，这样才会对大学生的成长和发展起作用，这就需要建构一个长效机制，从组织领导、运行保障、监督评价等方面给予支持。

（一）强化组织领导机制

劳模及劳模精神体现着时代需要，对培育时代新人起着重要的推动作用。高校应该加以重视，强化组织领导机制，确保劳模精神融入大学生思想政治教育工作的贯彻落实。

第一，高校党委要带头领导好劳模精神教育工作。高校各项工作任务的顺利完成离不开党委的统一领导和支持。

第二，高校党委各职能部门要组织开展好劳模精神教育工作。劳模精神教育工作，不仅需要党委的统一领导，还需要各部门同心协力、共同推进。另外，高校工会也要主动参与到劳模精神教育工作中来，在开展教职工文体活动时，可以将劳模精神相关内容融入其中，组织教职工多学习多交流，给学生树立一个良好的学习榜样，这样才能更好地引导学生崇尚劳动、尊重劳模。

（二）完善运行保障机制

劳模精神不仅要融入大学生思想政治教育中，还要融入得深入有效，真正为大学生所用。这就需要高校完善运行保障机制，在制度、资金、教师队伍等方面给予有力的支撑。

第一，制度保障方面，高校要制定和完善与劳模精神教育相关的规章制度。好的制度可以保证良好的秩序和各项工作的顺利开展。因此，各高校可以根据自己的情况，拟定一套完整的劳模精神教育工作制度，明确规定开展劳模精神教育工作的具体任务、实施细则等方面的内容，这样，各部门在落实具体工作的时候就会有据可依、有制可循。同时，可以让劳模精神教育工作得到有序开展，从而提高劳模精神融入大学生思想政治教育的实效性。

第二，资金保障方面，高校要投入足够的经费来支持劳模精神教育工作。运用劳模精神进行大学生思想政治教育是一项长期的工作，需要有一定的资金支持，这样相关的各项工作才能顺利展开。

第三，教师队伍保障方面，高校要将劳模精神纳入师德师风建设范畴。通俗地说，思想政治教育是做好人的工作，不断提高人的精神品质。而教师的品行和素养则对学生具有深远持久的影响，直接关系到大学生思想政治教育的效果。

（三）健全监督评价机制

科学完备的监督评价机制，不仅可以确保劳模精神教育工作有效落实，还可以提升思想政治教育的效果。因此，高校有必要健全监督评价机制，以促进劳模精神教育工作的有效落实。

第一，建立科学合理的评价体系。在建立评价体系之前，可以通过实地走访调查、开座谈会或访谈，征求广大师生和各相关部门的意见和建议，了解清楚劳模精神在大学生思想政治教育中的融入情况、融入过程中出现的难点和痛点以及师生对这个事情的想法，然后再根据具体的调查情况来制定评价体系。评价体系一定要细化到各个事项，且可操作性要强，可以用评价体系来带动劳模精神教育工作的落实。

第二，成立监督小组，履行好监督职能。监督小组可以通过抽查、听课、谈心谈话、明察暗访等形式，了解劳模精神的融入情况；也可以通过走访调研、召开调研座谈会，看真实情况、听真实意见、查真实问题，对于存在的问题要及时给出整改意见，及时反馈到具体负责人那里，保证劳模精神融入大学生思想政治教育工作的顺利进行。

　　第三，制定考核制度，明确考核标准。高校可以在考核教师的教学、科研和服务的时候，将劳模精神教育工作作为其中的一项内容加以考核，并明确考核的标准、所占比重、对教师绩效的影响等内容，让教师意识到这项工作的重要性，以此推动广大教师更加积极主动地投入劳模精神的学习、研究、教育和宣传中来。

参考文献

［1］代艳丽，解语华，张涵．重大疫情应对中的思想政治教育资源研究［J］.
北华航天工业学院学报，2022（01）．

［2］董国辉.晋绥地区红色基因融入大学生思政教育研究：以吕梁学院为例［J］.
文化产业，2021（17）．

［3］冯彦博.后疫情时代大学生思想政治教育路径探究［J］.吉林教育，2022(35).

［4］古丽巴哈尔，托合提.当代大学生思想政治教育探讨［J］.科教导刊(上旬刊)，
2020（34）．

［5］洪缓缓.中国优秀传统文化融入高校思想政治教育的价值探究［J］.汉字
文化，2020（19）．

［6］胡小娱.2019年度高校日常思想政治教育调查分析［J］.思想教育研究，
2020（11）．

［7］黄小梅.基于新媒体的大学生思政教育模式创新探讨［J］.现代职业教育，
2022（43）．

［8］姜雪.新时代加强大学生思想政治教育探究［J］.齐鲁师范学院学报，
2022（06）．

［9］柯统佳.文化自信与新时代中国特色社会主义文化创新方向研究［J］.文
化创新比较研究，2022（16）．

［10］廖开兰，牟文余.新时期大学生思政教育创新实践探索：评《大学生思想
政治教育工作概论》［J］.领导科学，2022（06）．

［11］刘俐，王卫宁.古希腊伦理思想对我国高校思想政治教育的启示［J］.名
作欣赏，2020（12）．

［12］刘敏，庹前进.新时期大学生思想政治教育研究［M］.北京：北京理工
大学出版社，2019.

［13］刘明星.网络环境下大学生思想政治教育特征、挑战与对策［J］.中国军
转民，2022（24）．

［14］龙晓波，张凇源，代若愚.当代大学生思想政治教育教学的现状及创新［J］.
食品研究与开发，2020（21）.

［15］娄嘉琪.文化自信融入高校思想政治教育路径研究［J］.赤峰学院学报（汉
文哲学社会科学版），2021（11）.

［16］邱天琦，张宇，韩振.文化自信背景下大学生网络思想政治教育研究［J］.
大众文艺，2022（24）.

［17］邱馨莹.劳动教育融入思想政治教育的时代价值与实践路径分析［J］.现
代商贸工业，2022（22）.

［18］宋琳，李丹.价值、现实与实践：高校日常思想政治教育三维探析［J］.
理论导刊，2020（05）.

［19］隋金波."大思政"视域下高校思想政治教育实效性建设［J］.黑龙江教
师发展学院学报，2021（09）.

［20］王安平.大学生思想政治教育研究（第二辑）［M］.成都：四川大学出版社，
2019.

［21］王东方.当代大学生思想政治教育管理理念及内涵分析［J］.农家参谋，
2020（14）.

［22］王怡航.新时代大学生劳动教育的意义及提升路径研究［J］.南方论刊，
2020（12）.

［23］王卓.高校思想政治教育载体的发展与创新研究［J］.南宁师范大学学报
（哲学社会科学版），2020（03）.

［24］伍瑛.网络环境下大学生思想政治教育难点和对策研究［J］.教育教学论
坛，2021（13）.

［25］谢玲玲.提升大学生思想政治教育获得感策略研究［J］.哈尔滨学院学报，
2022（04）.

［26］叶荣国，王倩倩.当代大学生的话语接受特点与思想政治教育话语建构［J］.
高校辅导员学刊，2022（04）.

［27］郁翠微."大思政"背景下大学生思想政治教育与心理健康教育融合与协
同发展路径探究［J］.大学，2021（48）.

［28］张策，张耀元.新时代背景下新媒体融入高校思想政治教育的价值、原则
及路径［J］.国家教育行政学院学报，2020（08）.

［29］张丽，肖盈.红色资源有效融入大学生思想政治教育探析［J］.学校党建
与思想教育，2021（16）.

［30］张洺绮，郭晓川.重大疫情下大学生网络思想政治教育途径探究［J］.高教学刊，2022（35）.

［31］张宇航，张丽红.浅谈当代大学生思想政治教育困境及提升策略［J］.新西部，2022（12）.

［32］赵秀敏.高校思想政治教育话语权的提升［J］.理论观察，2021（09）.

［33］赵正文.社会主义核心价值观融入大学生思想政治教育的创新机制研究［M］.北京：清华大学出版社，2018.

［34］周德荟，王长海.当代大学生网络思想政治教育方法研究［J］.佳木斯职业学院学报，2022（12）.

［35］周永源，刘亚.马克思主义实践观与高校思想政治教育中的理性精神培育［J］.北京青年研究，2020（04）.

［36］祝奇，吕杰.红色基因融入思想政治教育的SWOT分析与策略研究［J］.教育教学论坛，2022（51）.